社会を変える防犯カメラ

株式会社 日本防犯システム
代表取締役
賀来 泉

幻冬舎MC

社会を変える防犯カメラ

はじめに

駅、空港、銀行、ビル、会社、コンビニ、デパート、商店、学校、病院、エレベーター、道路、駐車場、ガソリンスタンド、マンション、邸宅、バス、タクシー……etc. 今日、防犯カメラはあらゆる場所に設置され、我々の暮らしを見守っている。

日本国内にはいったい何台の防犯カメラが設置されているのだろう？一説には「500万台以上」とも言われるが、正確な数字はわからない。主要メーカーが「防犯カメラ」として出荷した台数等から推計するとそれくらいかも知れないが、海外から輸入され独自に設置されているものも相当ある。あるいは、安全や品質管理のために運用されている「監視カメラ」が、防犯の役割を兼ねているケースも少なくない。

いずれにせよ、あらゆる場所に設置されたカメラが刻々と映像を記録し、犯罪捜査や抑止に役立っているのは事実である。これは数字にもはっきりと表れている。わが国の犯罪認知件数が史上最悪の285万件を記録したのは2002年、検挙率はワースト2位の20・8%だった（ちなみにワースト1位はその前年で19・8%）。まさにこの年が、防犯カメラの〝普及元年〟だった。

以降、犯罪認知件数は下落の一途を辿り、2015年には110万件と戦後最少記録を更新。逆に、検挙率は防犯カメラの普及によって上昇し、2006年以降は一度も30%を下回っていない。かつては周辺の聞き込みから始まった犯罪捜査の現場では、今や防犯カメラの映像を収集することが第一歩になっている。

人々の意識も、ここ数年で大きく変わった。以前は、防犯カメラを設置すると決まって「プライバシーの侵害」が問題になり、クレームがついたものだ。ところが最近は、住民の方から自治体に要望が出たり、賃貸マンション等では「防犯カメラ設置済み」がセキュリティ上のアピールになっている。防犯カメラに関わる者として、隔世の感がある。

どこで人々の意識が変わったのか、思い当たる出来事は幾つかある。いずれも社会を揺るがす大きな事件だ。防犯カメラの映像が捜査に活用され容疑者逮捕の決め手になる、その映像がテレビのニュースで報じられるたびに、人々の誤解が解けていった。防犯カメラは罪なき人々を監視しているわけではなく、善良な市民を守っているのだ。

防犯カメラは犯人検挙や犯罪抑止に目覚ましい効果を発揮し、信頼を積み上げながら、社会に浸透して今日に至る。だが、まだ十分と言うにはほど遠い。

東京の都心部でこそ防犯カメラ網が築かれつつあるが、少し郊外に行けば途端に手薄になり、犯人や行方不明者の足取りが途絶えてしまう。都市部においても台数こそ増えつつあるが、古い機種だと画像が不鮮明で、せっかく犯行現場を捉えていても犯人特定の切り札になり得ない場合がある。

他の電子機器と同様に、防犯カメラも普及とともにコストが下がり、安くて良い機種が手に入りやすくなっている。東京オリンピック開催に向け訪日外国人観光客が急増、安全な街づくりへの意識が高まる中、街の死角をなくし「防犯の目」を行き届かせるチャンスだ。

一方で、まだ高価格であったり開発中であるなどするが、多機能・高性能、ネットワーク化、顔認証、行動解析、ＡＩ（人工知能）を活用するなど、防犯カメラは最新のテクノロジーを取り入れながら年々進化を遂げている。今後ますます、安全・安心な社会の構築に欠かせない存在となるだろう。

筆者は2001年11月、防犯カメラ専業メーカー「株式会社日本防犯システム」を創業し、開発・製造を手掛けてきた。当社の歩みは、わが国における防犯カメラの普及とぴったりと重なる。成長する市場のど真ん中で、人々の防犯カメラに対する意識が疑念から信頼へと変わるのを肌で感じてきた。また、犯罪を抑止しようとする現場の最前線で、防犯カメラの進化と活躍をつぶさに見てきた。

我々の目指すところは「犯罪の撲滅」、すなわち犯罪のない社会を作り上げることだ。もちろん、防犯カメラだけでそれが達成できるとは思わないが、防犯カメラが増えるほどに目に見えて犯罪が減少している手応えが我々にはある。犯罪ゼロ社会の実現に向けて今できること（そして確実に効果があること）は、防犯カメラをもっともっと普及させ、社会の隅々にまで「正義の目」を行き届かせることではないだろうか。

防犯カメラは黙して語らず、その存在を意識されることは少ない。しかし、あらゆるところから人々を見守り、社会に貢献している。本書はそんな防犯カメラの世界を皆さんにご紹介し、少しでも理解を深めていただくことを目的としている。街角で防犯カメラと〝目が合った〟とき、あなたが見守られていることで安心を感じていただければ幸甚である。

株式会社日本防犯システム
代表取締役　賀来　泉

第2章 闇を見通し風雨に耐える構造とメカニズム

第3章 メイド・イン・ジャパンにこだわる 専業メーカー奮闘記

第4章 技術力で実現できる犯罪ゼロ社会をめざして

第1章

日本の安全を取り戻せ防犯カメラの15年

防犯カメラは現代における「社会の目」

日本の刑法犯認知数は戦後最悪だった２００２年の約２８５万件から急速に改善し、２０１５年には１１０万件を下回って42年ぶりに戦後最少記録を更新した。その要因は、防犯カメラの普及にあると言われている。ここでは、人々の身近にありながら普段はあまり存在を意識されることのない防犯カメラ、これまでの歩みを振り返ってみたい。

ある日、電車に乗っていると、ドアのそばに小学校低学年と思しき小さな子どもが立っていた。学校からの帰りだろうか、制服を着て、ランドセルを背負っている。何も取り立てるところはない、日常のありふれた光景だ。

ところが、私の横に座っていた外国人にとって、それは意外な光景に映ったようだ。少々驚いたような口調で、向こう隣に座っていた連れの日本人にこう問いかけた。

「あんな小さな子どもが一人で電車に乗っていて、大丈夫なのか?」

それに対する日本人の答えは、こうだった。

「ああ、大丈夫だよ。皆、見てるから」

皆というのは、その車輌にたまたま乗り合わせている大人たちだ。その中に子どもを直接知っている人はいない。「ボク、学校の帰りかい?」などとわざわざ話しかけることもしない。それぞれにスマホをいじったり、窓の外の景色を眺めたりして、思い思いの時間を過ごしているだけだ。
しかし、完全に無関心でいるわけでもない。もし、見ず知らず（と思われる）の人物がその子に近づけば、周囲の大人たちは一斉に耳をそばだて、事の成行きを見守るだろう。そして連れ去りでもしようものなら、声を上げ、駅員を呼ぶなどしてその子を守るに違いない。

子どもが一人で電車に乗っていることに驚いた外国人に、連れの日本人が「皆が見ているから大丈夫」と答えたそのやり取りを聞いたとき、私は自分が手掛けている防犯カメラ事業の役割は「まさにこれだ」と思った。

犯罪のほとんどは、人の目の届かないところで行われる。誰かが見ているところで悪いことはできない。親御さんが子どもを一人で電車に乗せられるのは、何かあったときには「社会の目」が守ってくれることを信頼しているからではないだろうか。

防犯カメラは、そうした「社会の目」に代わるものだ。善良な人たちには日頃その存在を意識されることはないが、何かあったときには問題解決の助けになる。しかも、映像の記録には忘却や勘違いがない。犯罪者にとって「録られている」のは「見られている」以上にやりづらいことだろう。

以前は、子どもを狙った誘拐・連れ去り事件は主に都市部で起きた。人が多ければ人目も多いが、注意を伴わない視線は実は何も見ていないことを、犯罪者は知っている。文字通り「人ごみに紛れる」ことができるのだ。核家族化が進み、人と人との繋がりが薄れた中で都市には死角ができたが、今は防犯カメラによってそれは埋められつつある。

昨今の子どもを狙った誘拐・連れ去り事件は、多くが郊外の住宅地で起きている。学校から自宅まで数百メートル、あるいは玄関の軒先で声を掛けられ連れ去られる事件も発生した。市街地へ通勤通学する人が多く、昼間の人口が極端に減る。特に夏場になるとエアコンを使うために窓やカーテンを閉め切ってしまうので、ますます通りに注がれる目が少なくなる。そして、郊外にはそうした死角を埋める防犯カメラが、まだ圧倒的に少ない。

防犯カメラがあれば、そうした事件がすべて防げるわけではない。ハードディスクに記録された映像が使われるのは、たいていは事件が起きてしまった後だ。だが、防犯カメラがあちこちに設置されていれば、犯人に「見られている」というプレッシャーを与え、未然に防げた犯罪もあったのではないか。

あるいは、たった一軒の玄関先に設置された防犯カメラが、画像の片隅に片方の靴だけでも捉えていれば、せめてどちらの方角へ向かったかだけでもわかったかもしれない。痛ましい事件を見聞きするたびに、悔しい思いをする。

犯罪のない安心・安全な社会を、誰もが望んでいる。私たちは犯罪の撲滅に向けて出来るだけの努力をすべきである。防犯カメラを設置することは、その「出来ること」の第一歩ではないだろうか。

普及とともに犯罪率が減少した事実

防犯カメラはこの15年で、飛躍的に普及した。それにぴたりと反比例して、犯罪件数は目覚ましく減少してきた。論より証拠、まずはデータによって明らかなところを見ていただきたい。

警察庁が発表している「犯罪統計資料」によれば、わが国の犯罪認知件数は1989〜1997年まで概ね160〜189万件、検挙率は36〜46％の間で推移してきた（6割は野放しか？と思われるかもしれないが、自転車窃盗や器物損壊等の検挙率が低く、平均値を押し上げている。強盗や殺人などの凶悪犯は90％以上、暴行や傷害などの粗暴犯の検挙率は80％前後ときわめて高く、これは昔も今も変わらない）。

ところが、1998年に犯罪認知件数が200万件を超えると、堰を切ったように犯罪が増え続け、2002年には史上最悪の285万4000件に達した。検挙率は著しく低下、2001年には20％を割り込んで19・8％、2002年は20・8％となっている。

1章

日本の安全を取り戻せ
防犯カメラの15年

高級車が次々と盗まれ海外に転売されたり、団地ではピッキングやサムターン回しで施錠が破られたり、一人暮らしのお年寄りを狙って高額な消火器を売り付ける詐欺や、資源を狙って門扉や側溝までが持ち去られる事件が横行した。犯罪が身近に迫り「もはや水と安全はタダではないのだ」と気づかされたのは、この頃ではなかっただろうか。

このような状況を反映して、防犯設備機器の市場は急成長した。1990年には1500億円足らずであった市場が、1996年には3000億円と倍増し、犯罪認知件数が史上最悪となった2002年には6000億円、その翌年には6602億円まで膨らんでいる。

防犯設備機器とは、侵入者検知器、監視装置、生活情報システム、出入管理装置、映像監視装置、一般防犯機器を全て含めてであるが、中でも防犯カメラ（映像監視装置）の売り上げの伸びは傑出している。20

00年に1000億円を突破すると、2003年にはほぼ倍増となる1999億円に達している。わずか3年で倍増だ。

ちょうど、それまでカメラと録画装置で最低でも30万円近くしたものが、手頃な価格と性能を兼ね備えた10万円程度の海外製が輸入販売された時期とも重なって、台数ベースでは爆発的に増えていることが想定される。防犯カメラの売上高は、その後2008年まで1900億円前後で推移した。

一方で犯罪認知件数は2002年をピークに減少に転じ、2012年には半減となる140万件、2014年は戦後最低の121万2000件となっている。検挙率も2001年の19・8％から徐々に回復、2006年に31・2％となって以降は30％を割り込むことなく推移している。

警察庁は防犯カメラの映像が容疑者特定に結び付いたケースについて、

刑法犯犯罪認知件数と検挙率

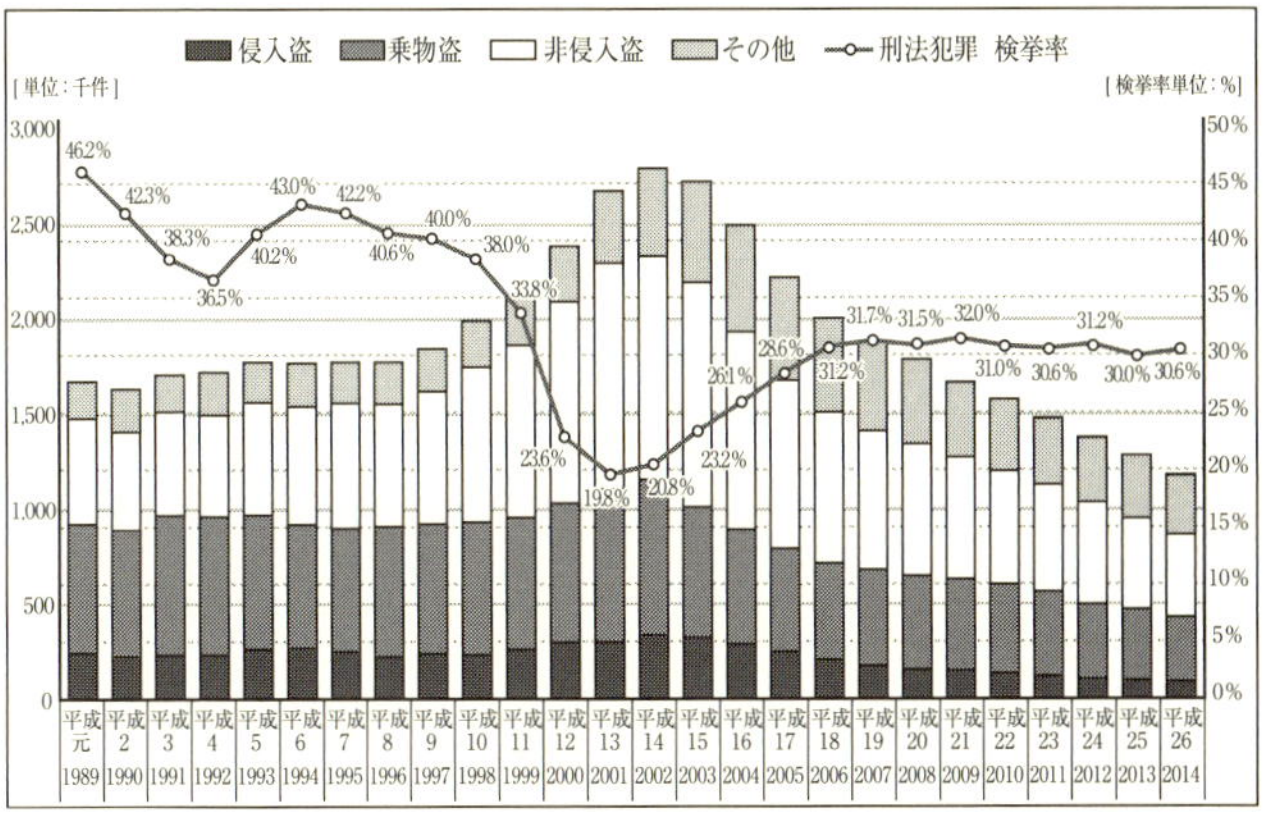

出典：公益社団法人日本防犯設備協会統計調査委員会
「防犯設備に関する統計調査」平成27年度版より

防犯設備機器国内市場推定売上高

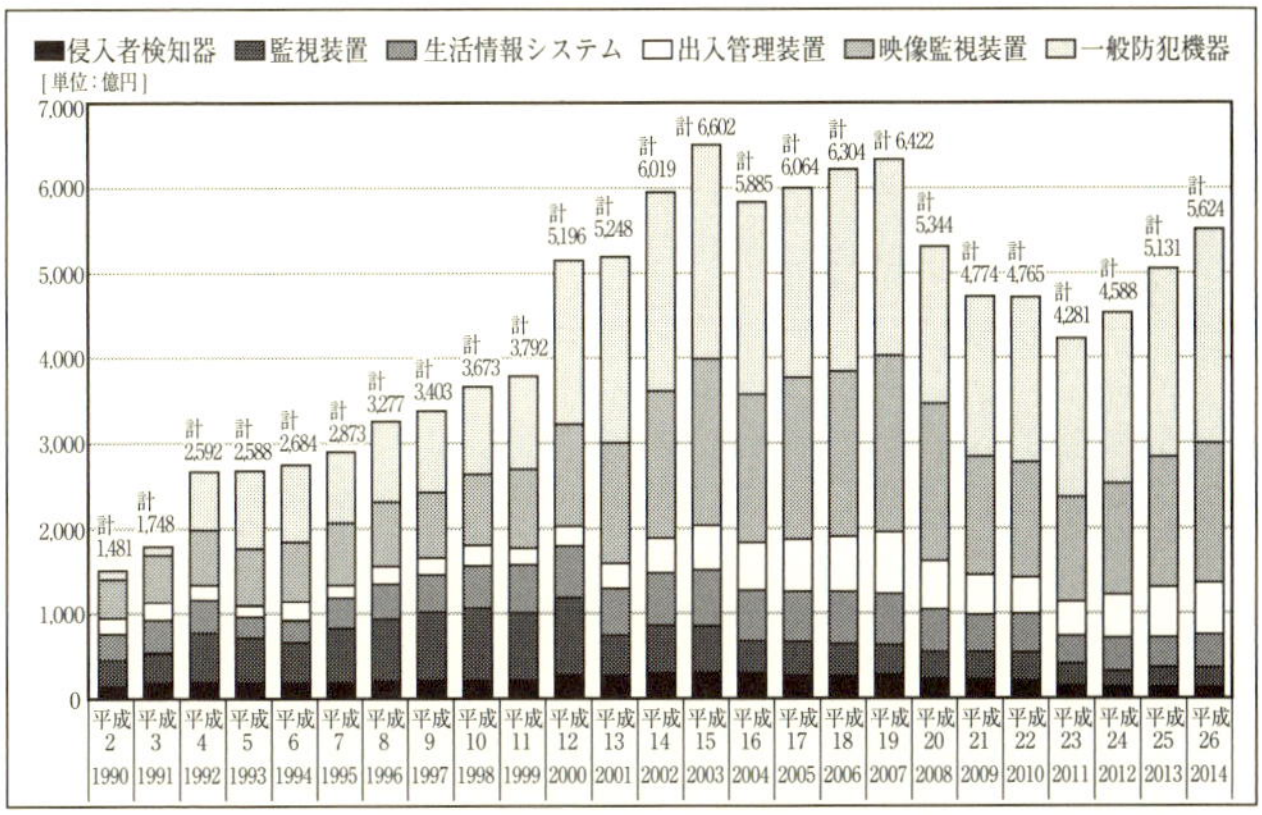

出典：公益社団法人日本防犯設備協会統計調査委員会
「防犯設備に関する統計調査」平成27年度版より

2016年から統計を取り始めた。本書の執筆時点ではまだ上半期の半年分しかデータがないが、全国の警察が摘発した刑法犯の内、容疑者死亡などのケースを除いた総数の5・3％にあたる5799件が「防犯カメラの映像が最も有力な証拠となった」と認定した。特に、ひったくり（21・1％）、すり（11・7％）、強盗（10・2％）で効果を発揮したとの報告がある。

もちろん、犯罪認知件数の低下と検挙率の上昇は、防犯カメラのみによるものではない。景気の回復、警察関係者の努力、地域の取り組みと防犯意識の高まり、他の防犯設備機器の普及などが複合的に効果を発揮した成果である。だが、そうした中で防犯カメラが増えたことによる効果は、相当に大きかったのではないだろうか。

それでも、われわれはこれで満足するわけにはいかない。戦後最低とはいえ犯罪は未だ１１０万件も起きており、検挙率は30%以上にはなかなか上がっていない現実がある。防犯カメラのさらなる普及とイノベーションによって、「犯罪ゼロ」の実現は不可能ではないと考えている。

街にはさまざまなカメラが溢れている

防犯カメラについて詳しく論じる前に、防犯カメラとは何かを定義しておきたい。名前の通りでいけば「犯罪を防止するカメラ」なのだが、それではやや範囲が広くなりすぎる。一般的に多くの人が「防犯カメラ」として認識しているのは、室内外の比較的高い位置からレンズを向けている筒型のカメラか、天井に設置されたドーム型のカメラだろう。

専門的には、アナログカメラ、ネットワークカメラ、HD－SDIカメラ、暗視カメラ、その他6種類が「防犯カメラ」に分類される（技術的な違いなどについては第2章で説明する）。


それ以外にも街中には「社会の目」に代わるカメラが幾つもある。例えば、近頃はほとんどの人が外出時にカメラを持って出る。そう、携帯電話やスマートフォンだ。街中で変わった出来事に遭遇すれば、反射的に写真や映像を撮影する人は多い。

実際、そうした画像や映像が証拠となって、犯人が御用となるケースは近年特に増えている。例えば2016年10月、横浜のゲームセンターで原付スクーターに乗った高校生が店内を走り回るという事件が発生した。一部始終を店内に居合わせた人がスマートフォンで撮影していたので、あっという間に検挙された。そういう意味では、携帯電話やスマートフォンも防犯カメラの役割を果たしているのかもしれない。

車のフロントガラス付近に取り付けるドライブレコーダー（車載カメラ）も、街中にある「社会の目」だ。元々は交通事故に遭遇した際に過失割合などを証明するために開発され、当初は車体が衝撃を感知した前後10数秒の映像を保存するだけだった。ところが、記録媒体の大容量化が進み、現在では運転中のすべての記録が残せるようになっている。そうなると、当然ながら犯罪の現場や逃走する犯人を捉える機会も増えてくる。とすれば、ドライブレコーダーは移動型防犯カメラである、という解釈も成り立つ。

犯罪者にとっては「撮られるかもしれない」という心理が抑止効果に

つながるので、その意味では街中にあって記録できるカメラはほとんどが防犯カメラとして利用できる。だが、それらはあくまで「そういう使い方もできる」ということであって、防犯用に開発・設置されているものではない。

防犯用に開発・設置されているものでも、防犯カメラに含まれないものもある。例えばカメラ付きのインターホン（ドアホン）だ。「ピンポン」とチャイムが押されると、同時にカメラが作動してモニターに来訪者を映し出すとともに撮影もする（人が近づくだけでセンサーにより撮影が始まる製品もある）。リビングに居ながらにして誰が訪ねてきたかを確認できるのがウリだが、押し売りやストーカー対策といった用途にも使われる。業界でも「防犯設備機器」として分類されているが、常時撮影されていなければ防犯カメラとしては十分な役割ははたせない。

遠隔監視のネットワークカメラが侵入者を捉えた

住宅関連では、室内監視用のネットワークカメラ（ＩＰカメラ）もある。インターネットに接続されており、外出先からパソコンやスマートフォンで部屋の様子を確認できるものだ。例えば、室内でペットを飼っている単身の会社員が、ときどき仕事の手を休めて愛犬や愛猫の様子を見て癒されるといった使い方がされている。

これは海外で報じられたニュースだが、愛犬の様子を見ようと職場から自室のネットワークカメラにアクセスした女性が、まさに窃盗犯に室内を物色されている現場を発見して警察に通報、即逮捕に至った事例があった。窃盗犯は吠えながら駆け寄ってきた飼い犬を撫でて静かにさせることには成功したが、ネットワークカメラの目をくらますことはできなかったわけだ。

だが、こうした室内監視用のＩＰカメラがすべて防犯カメラに分類できるかと言うと、そうはならない。現在、市販されているＩＰカメラは価格的にも性能的にも非常に多岐にわたっているが、機器の見た目や使われ方が似通っていても、信頼性や機能性の面で防犯用として使えるものと、そうでないものがある。

留守中のペットの様子を見るために設置したＩＰカメラがたまたま犯罪の現場を捉えることはあるかもしれないが、やはり専用機とは根本的な設計思想が異なる。防犯カメラの場合、後から記録を確認して被害状況や捜査の証拠とする必要があるので記録装置を備えていることが必須だし、簡単に動かせないようしっかり固定しておく必要もある。

品質管理・生産性向上に活かされる目

これとは逆に、その性能や信頼性の高さから、防犯カメラが防犯以外の用途で活用される例は数多くある。例えば、食品工場の生産ラインには、幾つもの防犯カメラが品質管理と生産性向上のために設置されている。

食品製造の現場では徹底した鮮度管理や衛生管理が求められる。20

14年12月にある食品メーカーが製造した即席めんに虫が混入していたことから、約半年にわたって出荷が停止した事例は記憶に新しい。万が一にも異物が混入した製品が出荷されてしまえば、商品の回収、工場の操業停止、社会的信用の低下など影響は計り知れない。

モラルのない従業員が故意に異物や毒物を混入させる可能性もある。2013年12月に群馬の食品工場に勤務する契約社員の男が冷凍食品に有機リン系の農薬を故意に混入させ、その商品が全国に出荷されてしまう事件があった（冷凍食品を購入した客から「異臭がする」との苦情が多数寄せられ発覚した）。

警察と食品会社は従業員の聞き取り調査や勤務シフトから容疑者を割り出したが、容疑者の特定までに2カ月以上を要した。食品工場内に監視カメラが設置されていれば、誰が何時どこに立ち入りどのような動きをしたかなどの記録が残っていたはずで、事件はもっと速やかに解決しただろう。事件後、その食品会社は再発防止策として、監視カメラ167台を設置した。

ちなみに、食品業界でいち早く監視カメラを設置したのは、全国にチェーン展開する回転ずしの会社だった。ブームの追い風に乗って急成長を続けていたが、ある時期から売上が伸びる店とまったく伸びない店の差が顕著になった。

本部が原因を探ると、不振の店はネタの鮮度管理に関するマニュアル(一定時間を過ぎたすしは廃棄しなければならない)が徹底されていないことがわかった。すぐにも本部から人材を派遣してマニュアル厳守を徹底したいところだが、急成長企業ゆえ人手が足りない。

そこで、全店舗に監視カメラを設置して「従業員の動き」を本部で一括してチェックするシステムを導入したのだった。厨房に監視カメラを設置するなど当時としては考えられない発想だったが、「すしロボット」や「ICチップによる皿管理」などイノベーションをいち早く取り入れる業界ならではの問題解決策だった。

スキを作らないのも管理者の責任

防犯カメラを従業員に向けることに抵抗を感じる経営者も少なくないが、品質管理のためという建前があれば、過度なプレッシャーを与えないし角も立たない。また、防犯カメラは従業員に疑いの目を向けるためではなく、彼らを守るためでもある。

1章
日本の安全を取り戻せ
防犯カメラの15年

これは私の会社で出入口に防犯カメラを取り付けていた、ある小売店でのことだ。数百～数千円の単位で売上とレジの金額が合わないことがたびたび起きるようになったとのことで、営業マンが新たにレジに向けた防犯カメラの設置を提案した。ところが店主は、

「私は従業員を信じている。彼らを疑うようなことをしたくない」

と、なかなか受け入れてくれなかった。

とはいえ、経営者として売上が減るのを見過ごせるはずもない。支払いを誤魔化している客がいるのか、少額ずつレジから盗んでいる泥棒がいるのか、それともやっぱり従業員の誰かが……!? 不安と疑心暗鬼が募ると、精神衛生上もよくない。営業マンは、

「従業員を守るために、防犯カメラを付けるという選択肢もあるのではないでしょうか。勘違いでも代金を払った払わないのトラブルがあったとき、お客様の疑いの目は従業員に向けられます。防犯カメラの映像が

あれば従業員を守ることができます」

店主がようやく納得してレジに向けた防犯カメラを取り付けたところ、問題は一発で解決した。学生アルバイトがレジから500円硬貨を抜いて、ポケットに入れる一部始終がばっちり映っていたのだ。

店主は大変ショックを受けていたが、真実が判明したことでお客様や他の従業員にあらぬ疑いをかけずに済んだ。また、当の学生アルバイトにも謝罪させ、反省させることができた。防犯カメラを付けなければ、彼は世の中をナメてずっと盗みを続けただろう。500円硬貨が千円札になり、一万円になったかもしれない。スキを作らないこともまた、上に立つ者の優しさではないだろうか。

従業員は「監視されている」と感じるか

従業員を監視したくないという管理者のエピソードでは、こんな事例もあった。

某フランチャイズチェーンが、本部の決定で全加盟店に防犯カメラを設置することになり、当社の営業マンが各店舗の工事に立ち会ったときのこと。ある店で、カメラの取り付けと配線が終わり、モニターを設置する段になった。工事業者が録画機とモニターを接続しようとしたところ、オーナー店長が、

「そのまま、モニターは映らないようにしておいて欲しい」

と言ってきたのだ。営業マンが驚いて理由を尋ねると、

「映像は本部で見ているから、店内で見る必要はない。私が常時監視しているというのも感じが悪いし、映っているとやはり見てしまうので自分の仕事に集中できない。だからいっそのこと、モニターは消しておきたいのだ」

とのことだった。確かに、カメラと録画機が起動していれば映像は本部で見られるし、モニターは消しておいても記録は残る。映像は、何かあったときに確認できればいい。カメラが動いていれば抑止効果は発揮されるので、人間関係を円滑にするための知恵としてこのような使い方もアリなのかもしれない。

ただ、防犯カメラを従業員に向けることを「監視してプレッシャーを与える」と気にしているのは、設置する側だけかもしれない。これだけあちこちにカメラが付き、設置の目的と効果が正しく理解されつつある

中で、もはや防犯カメラは「あってあたり前」になっている。防犯カメラの黎明期から携わってきた者としては隔世の感があるが、もはや監視されているとプレッシャーを感じる従業員は、ほとんどいないのではないだろうか。

カメラに対する人々の意識の変化

国内の防犯カメラ史をさかのぼっていくと、その始まりは「監視カメラ」である。日本では1954年に三菱電機が国産初の監視カメラを開発し、火力発電所の炉内の監視に利用された。当時は「ITV」

(Industrial Television＝工業用テレビカメラ)と呼ばれ、防犯を目的としたものではなく、道路、河川、ダム、港湾施設など、人を配置しにくいところに設置が進む。当初は録画機能は付いておらず、映像は監視員のいるコントロールセンターなどに送られてモニターに映し出された。

それが銀行等の金融機関に導入され、店内に取り付けられたカメラの映像が警備員室に映し出されるようになったのが、防犯カメラの出発点だ。レンズの視界に入った人は、その向こう側にいる「誰か」の視線を意識しないわけにはいかない。あちらには自分の姿や行動が丸見えなのに、自分を見ている「誰か」の姿は見えない。その居心地の悪さが、防犯カメラに対する拒否反応につながったと思う。防犯カメラの普及が「監視社会」と否定的に捉えられ、どこに取り付けても「プライバシーの侵害」が問題になったものだ。

ところが今や、防犯カメラを設置する際に「プライバシーの侵害だ」

とクレームが付くことはほとんどなくなった。もちろん、隣家や通りが映り込まないようにしたり、周辺に丁寧に説明するなど、設置に理解を得るためのノウハウができたこともある。だがそれと同時に、防犯カメラそのものに対する世間の受け止め方が、疑念から信頼へと180度変わったと感じる。それも、たった10年ほどの間に。

どこが「転換点」となったのか？ 明確な境目があるわけではないが、思い当たる理由は2つある。1つは日本人がカメラを向けられることに慣れたことだ。

防犯カメラ（映像監視装置）の売り上げが1000億円を超えた2000年は、初めてカメラ付き携帯電話（シャープ製J－SH04）が登場した年でもある。コンパクトデジタルカメラの画素数はプリントにも耐えられる200万~300万画素に届き、フィルムカメラからの移行が急速に進んでいた。それまではフィルムの残り枚数や現像代を気にして慎重に撮っていたのが、気軽にパシャパシャとシャッターを押せるようになり、何でも気軽に記録に残すようになった。

その一方で、防犯カメラに限らず「撮影」に関するトラブルもあちこちで起きた。私も当時、見本市で展示パネルをパシャリと撮影したところ、向こう側にいた男性が血相を変えて駆け寄ってきて「おいお前、いま俺のことを撮っただろう⁉ なにをするつもりだッ！」と大声で怒鳴られびっくりしたことがあった。

電車内で携帯メールを読んでいると、対面に座った人に露骨に嫌な顔をされたこともあった。背面のカメラがその人に向いていて「自分を撮っているのではないか」と誤解したのだろう。今にして思えば、身の周りにカメラが急速に増えて、日本中が「撮られること」に自意識過剰になっていたのかもしれない。

それからスマートフォンが登場し（iPhone3Gの発売は2008年7月11日だった）、Facebookやツイッターになんでもアップするようにもなって、最近ではカメラに対する警戒感がずいぶん薄れたようにも感じる。

大阪商業大学が2006年に実施した「日本版総合的社会調査（JGSS）」によると、路上を監視するカメラの設置について全国の20〜89歳の男女8000人に聞いたところ、賛成37・9％、どちらかといえば賛成43・0％、どちらかといえば反対13・3％、反対3・4％だった。

そして、その4年後の2010年に公益財団法人・日工組社会安全研究財団が実施した全国調査では、安全・安心のために防犯カメラを設置することと、個人プライバシー尊重のため設置しないことを比較する設問に対し、設置する49・9％、どちらかといえば設置する42・1％、どちらかといえば設置しない5・6％、設置しない1・6％と、防犯カメラに対する意識が圧倒的に肯定的なものに変わっているのがデータの上からも読み取れる。[*1]

防犯カメラの役割が認知された2つの事件

防犯カメラが世間に受け入れられた理由のもう1つは、事件の捜査・解決に役立っていることが認知されたからではないだろうか。今やニュースで、「防犯カメラの映像に……」と聞かない日は1日たりともない。世間を揺るがす大きな事件があるたびに防犯カメラの役割が再認識され、普及が進んだ実感がある。

防犯カメラの映像が大々的に報じられた最初の事件は、1984年3月の「グリコ・森永事件」ではなかったか。食品会社社長の誘拐から始まったこの事件は、のちに「かい人21面相」を名乗る犯人が、毒物入りの菓子を関西圏の店舗に置いて現金を要求する脅迫事件に発展した。

犯人からの電話の音声が公開されたり、捜査を嘲笑する挑発的な手紙がマスコミに届くなど、今で言う「劇場型」の犯罪だったが、その中でファミリーマート甲子園口店の防犯カメラが「どくいりきけん たべたらしぬで」の紙片を貼った菓子を棚に置く不審な男の姿を捉えた。その映像は繰り返しテレビや新聞で報じられ尻尾を摑みかけたが、まだ犯人を追跡できるほど防犯カメラは設置されておらず、事件は未解決のまま

＊1 「防犯カメラ－効果ある設置・運用と社会的受容に向けて」島田貴仁・科学警察研究所犯罪予防研究室長、一般社団法人・日本損害保険協会「予防時報251号」より

1984年兵庫県西宮市のファミリーマート甲子園口店の防犯カメラが捉えた人物

時効を迎えてしまった。街のあちこちに防犯カメラがある現在なら、必ず解決に至ったはずだ。

鉄道の駅に防犯カメラが急増したのは、1995年3月の「地下鉄サリン事件」がきっかけだった。通勤時間を狙って日比谷線・千代田線・丸の内線の車内に猛毒のサリンが撒かれ、死者12人・

負傷者5000人以上の犠牲者が出たテロ事件だ。当時、駅構内に設置されていたのは乗客が電車に安全に乗り込んだことを車掌が確認するためのもので録画機能は備えておらず、公共施設に防犯用のカメラはほとんど設置されていなかった。

すでに金融機関やコンビニなどにはあたり前にあったが、ちょうどプライバシーに関する問題が言われ始めた頃でもあり、導入をためらう向きもあった。だが、テロの恐怖を前にして、そうした懸念は吹き飛んだ。警察による強い働きかけもあって、公共施設への設置が一気に進んだ。

それまで防犯カメラはなるべく人に警戒感を抱かせぬよう高い位置の隅のほうに取り付けるのが通例だったが、この時は階段の真正面、まさに顔の高さにも設置され「ぎょっとした」という声も一部に聞かれた。だが、同時に「しっかり守られている」と安心感を抱いた人も多かったはずだ。痛ましい事件ではあったが、防犯カメラに対する社会の理解が深まったきっかけともなった。

企業・警察・自治体主導で進んだ防犯対策

2002年2月には日本有数の歓楽街・新宿歌舞伎町に、ドームカメラ44台と固定カメラ11台の計55台が設置された。映像は新宿警察署と警視庁本部に送られ、トラブルや不審な事案があれば警官が駆けつけるシステムだ。運用開始日にはマスコミでも大々的に報じられ、かなりの話題になった。当時はやはり「プライバシー」の問題が取り沙汰されたが、警視庁では映像記録の管理ルールを定め（映像記録は1週間の保存の後に上書きされる）厳格な運用を徹底することで、そうした懸念に応えようとしている。

その後、これと同じシステムが、渋谷（20台）、池袋（49台）、上野（12台）、六本木（44台）、錦糸町（15台）にも相次いで導入され、現在も運用が継続されている。２０１５年には警察庁本部から５２６件の映像データが所轄の警察署に提供され、うち３６１件が犯人検挙や事件の立件・解決に役立ったという。

また、警察庁では１９９１～１９９２年に、非常用赤色灯・非常ベル・防犯カメラ・インターホン等を備えた「街頭緊急通報システム」（スーパー防犯灯）を開発し、選定した全国10のモデル地区に１９０基を設置した。ボタンを押すと最寄りの警察署とテレビ通話ができるシステムで、モデル地区内には概ね80メートル間隔で設置されたが、これは小学

1年生の女の子がどの場所においても10秒以内でスーパー防犯灯に到達できる（1998年度の50メートル走の平均は12秒）ようにという基準で決められた。*2

ただし、この設備については、耐用年数を迎えたものから順次撤去が進んでいる。導入当初は公衆電話が削減され始めた時期でもあり携帯電話を持たない人たちの通報手段を確保するという役割を担っていたが、現在では子どももお年寄りも携帯電話を持っており、その役目を終えたというのが公式の見解だ。「防犯カメラ」として継続使用するには維持費がかかりすぎ（1基あたり年間20万円弱）、いたずらも相当に多かったと聞く。

こうして2002年頃までは、主に企業・警察・自治体などによって、金融機関、オフィスビル、大型店舗、公共施設、都市部の街区などに防犯カメラの設置が進んだ。だが、住宅地、個人店、駐車場、生活道路などにはなかなか普及していかなかった。

その理由は、製品が高額だったからだ。国内では大手メーカー数社が製造していたが、2000年頃はカメラが1台30万〜40万円、カセットテープの録画装置が15万円、設置工事を含めれば80万〜100万円以上の初期費用になる。防犯効果があることはわかっていても、個人店ではコストパフォーマンスを考えると躊躇せざるを得ないし、商店街や生活道路では誰が費用を負担するのかも問題になった。

また、防犯カメラは大手電機メーカーが製造していたが、家電量販店などで売っているものではなかった。設置しようと思えば、製造メーカ

＊2 「事業評価書　街頭緊急通報システム（スーパー防犯灯）の整備」2005年1月

ーに直接電話するか、ビル建設会社／住宅メーカーに問い合わせるか、警備システム込みでセキュリティ会社と契約するしかない。デフレではあったが価格競争のある分野ではないので、なかなか値段も下がらなかった。

なぜ防犯カメラが特別ではなくなったのか

そうした状況が一変したのは、価格が手頃で性能のよい台湾製が、インターネットなどで販売されるようになったからだ。

当時、台湾は日米欧の電子機器メーカーの製品を受託生産（ＥＭＳ）する産業が急成長しており、周辺の部品製造や組み立ての精度も上がっていた。防犯カメラや録画装置も、部品構成自体はデジタルビデオカメラやビデオデッキと同じだから、台湾でも日本製に迫る製品を作れる土壌はあったのだ。また、国内産業育成の目的もあって防犯カメラの設置を政策面で後押ししており、普及率は日本とは比べものにならないほどだった。

国産の防犯カメラが30万～40万円で売られていたのに対し、台湾製は３万円程度。インターネット販売なので購入者は自力で取り付けなければならないが、ＤＩＹの心得とＡＶ機器の配線ができる程度の知識があれば可能なので難しくはない。需要は大いにあった。

防犯カメラに「個人宅・小規模店舗向け」という新たな市場が創出さ

れると、メンテナンスや取り付けを専門に請け負う業者も出てきて裾野は一気に広がり、防犯カメラは特別なものではなくなった。市場規模が1000億円から一気に倍増した2000年からの3年間には、こうした海外製品のシェア拡大があったのだ。

コインパーキングに防犯カメラを設置する

私が防犯カメラの事業に最初に携わったのは1999年、防犯カメラが本格的に普及を始める、5年ほど前のことだった。当時の私は、福岡を拠点にしたコインパーキングの会社に勤務していた。

そもそも、コインパーキングなるものがわが国に登場したのは、1991年頃と言われている。1986年に始まったバブル景気が1990年3月の「不動産融資総量規制」によって突然、終焉を迎えた。それまで、大型ビルや商業施設を建てるために買い上げられていた土地が、都市部で虫食い状態のまま放置されることになった。再び景気が回復し(回復すると多くの日本人は思っていた)、建設計画が再開されるまでの「つなぎの土地活用」として始まったのが、コインパーキングだった。しかし、3年経ち5年経っても、景気は一向に回復しない。一時的な土地活用のつもりだったあちこちのコインパーキングが、次第に固定化されつつあった。

ところで、街中にこんなにたくさんの自動販売機やコインパーキングがあるのは、日本だけらしい。外国人に言わせると、これは奇跡の光景に映るらしい。

「あれはコインや紙幣がたんまり入った〝貯金箱〟だ。私の国にあったら次の日には破壊されてお金や商品が持ち去られるだろう。自動販売機やコインパーキングの多さは日本の治安の良さを象徴している」

というのだ。普通、こんなふうに褒められれば日本人として誇らしい気持ちになるだろうが、当時の私はとても素直には喜べなかった。というのも、私は当事者として、コインパーキングがどれだけ犯罪の標的にされているか、その事実を知っていたからである。

自動精算機を壊されたり、５００円硬貨に似た韓国の「５００ウォン硬貨」で釣銭を盗まれたり、料金を払わずに車止めを乗り越えて逃げられたり、自分で付けた車体の傷を「他の利用者にコスられた傷だ、弁償しろ」と言い掛かりをつけられたり……ｅｔｃ．

「コインパーキングに防犯カメラを設置すれば、こうしたトラブルの大半は解消されるのではないか」と考えたのは、私が所属していた会社の社長だった。しかし、当時は他の誰も「駐車場に防犯カメラを設置しよう」などとは考えなかった。それもそのはず、当時の防犯カメラはカセットテープに録画する大型の機器、市場は大手メーカーの独占状態で価格は数十万円を下らなかった。銀行とコンビニと暴力団の組事務所に設置が行き渡り、それ以上には広がらないと多くの人が思っていたのだ。

そうした最中、たまたま英国に行く機会があり、街中の至るところに防犯カメラが設置されているのを目の当たりにして、私は衝撃を受けた。英国では1990年代の初頭から防犯カメラの設置が進み、1998年には「犯罪および秩序違反法」(Crime and Disorder Act 1998)によってさらに普及が推進され、治安維持に目覚ましい効果をあげていた。プライバシーの問題から抵抗する世論もあったと言うが、1993年にリバプールで起こった少年2人による児童誘拐殺害事件が防犯カメラの映像から犯人逮捕に至るなど、その役割が認識されるに従って受け入れられていったという。

「いずれ日本もこうなるに違いない」と確信した私は、英国で普及している防犯カメラの多くが台湾製であることを突き止めてすぐに仕入れルートを確保したのだが、事業が軌道に乗る前に当のコインパーキング会社が倒産してしまう。

どうしても諦めきれなかった私は、防犯カメラ部門を引き継ぐ形で事業を継続し、コインパーキングの所有者に売り込んで回った。といっても、台湾に買い付けに行ってはダンボールに入れて飛行機で持ち帰ってきて売り歩くといった細々としたもの。なかなか思うようには売れなかった。そこでネット販売を始めたところ引き合いがあり、業者さんから

「卸をやってくれないか」という問い合わせも来るようになった。

防犯カメラの開発・製造・販売を専門とする会社（当初の社名は「オンセールス」であった）を立ち上げたのは、それから間もなく経った、2004年8月である。

聞き込みよりも効果的、刑事捜査のイロハが変わった

街中に防犯カメラが増えたことで、警察の捜査手法も変わりつつある。以前は、初動捜査は周辺の聞き込みから始まった。大量の捜査員が足を棒にしながら、目撃情報や心当たりを探して歩き回った。しかし、近ご

ろは人と人との繋がりが希薄で、他人のことにあれこれ関与しない世の中だ。集合住宅では隣に誰が住んでいるのか知らないことも珍しくはない。

人の記憶は時間が経つほどに薄れていくし、勘違いや思い込みも多い。あなたは今朝、近所ですれ違った見ず知らずの人の特徴を正確に言えるだろうか。確かに視界で捉えていても、脳は自分にとって必要ないと判断した情報はどんどん消去してしまう。無理やり掘り起こして断片的な記憶が出てくると、足りない部分を想像力で補って筋の通るストーリーにして、それを事実と信じ込んでしまう。そうした証言で捜査が遠回りしてしまったことは、これまでいくつもあっただろう。

だが、防犯カメラに映像が残っていれば、事態はまるで違ってくる。多少ピンボケでも性別や背格好くらいは判別がつくし、画面の片隅に靴が映っているだけでもどちらの方向へ向かったのかがわかる。百聞は一見に如かずだ。そのため、今どきの犯罪捜査でまずやることは、現場周辺の防犯カメラの記録をとにかく集めて回ること。不審な人物が見つかれば徹底的に解析し、足取りを追う。

防犯カメラが犯人を特定した事件で個人的に強く印象に残っているのは、2003年7月に長崎県で起きた「長崎男児誘拐殺人事件」だ。市内の大型家電量販店に家族と買い物に来ていた当時4歳の男児が突然いなくなり、翌日そこから約4キロメートル離れた立体駐車場脇で痛ましい姿で見つかった。

現場が立体駐車場だったことから、当初、犯人は車で男児を連れてきたと思われた。しかし、警察が周辺の防犯カメラから集めた映像を探すとアーケード街を歩く若い男と男児の姿が映っており、解析の結果、地元の中学生が特定された。

2003年と言えば、防犯カメラの販売台数が急速に伸びた時期である。それでも商店街に設置される事例はまだ珍しく、このアーケード街はレアケースだった。犯行現場にカメラがなくても（実は立体駐車場にも防犯カメラは設置されていたが録画されていなかった）周辺の防犯カメラの記録を丹念に探していくことで、足取りがつかめるということを世間が目の当たりにした事件だった。

もう1つ、防犯カメラが犯人の行方を突き止めた事例として、強烈なインパクトを与えた逮捕劇がある。「地下鉄サリン事件」の容疑者として17年間も逃亡したオウム真理教の元信者Tが2012年6月、大田区西蒲田のまんが喫茶で捕まった。

Tを含む元信者3人の特別指名手配書は、日本中に長期間貼られていたので、顔を覚えていた人も多かったのではないか。いわば日本中の

1章
日本の安全を取り戻せ
防犯カメラの15年

公開された防犯カメラの映像。街中の防犯カメラが逃亡する元信者Tを追跡した。

「社会の目」が行方を追っていたにもかかわらず、3人はなかなか見つからなかった。「顔を変えて潜伏しているのではないか」「もう生きてはいないかもしれない」「海外に高飛びした」といった噂も聞かれた。

ところが2011年12月に元信者Hが出頭、2012年6月に元信者Kが逮捕されると、その供述からTも日本国内に潜伏していることが判明。別人になりすまして働いていた職場、逃走資金を引き出すため訪れたATM、弁当や新聞を購入したコンビニの防犯カメラの画像が次々と公開され、「社会の目」がどんどん追い詰めていった。

社員寮に残された私物の中には、防犯カメラの機能や性能を特集した雑誌が見つかっており、Tが防犯カメラを相当に警戒して生活していた様子が窺えた。だが「最近の顔」が知られるところとなれば、もはや逃げきれるはずもない。追跡にあたり捜査員は1000台以上の防犯カメラの映像記録からTを追跡したという。そして最後は市民の通報によって、逮捕されたのだ。

Tが関与したとされる「地下鉄サリン事件」は、駅などの公共施設に防犯カメラが設置されるきっかけとなった。あの頃はまだ街中を網羅しておらず取り逃したが、17年の歳月を経て防犯カメラによって捕まったのは、業界に携わる者として感慨深い。

人目の届かない郊外が狙われる

今や都心部では防犯カメラはかなりの密度で設置されているが、少し郊外に行った途端に〝穴だらけ〟になる。特に、田畑やビニールハウスが広がる地域になると、防犯カメラはほとんどないと言っていい状況だ。

こういうことを書くと「人がいないところにわざわざカメラなど付けてどうするのか?」と思われそうだが、人がいないところだからこそ「防犯の目」が必要なのではないか。悪しきものは人目をはばかり、物陰に潜み、暗闇に紛れ、郊外へと逃げていくものだ。

例えば、車で国道を走らせると、ちょうど人家と外灯が途切れた辺りに、突如としてテレビや冷蔵庫やミニバイクなど大型の不用品が乱暴に打ち捨てられた、不法投棄の山を見ることがある。中には「警告！ここにゴミや車を捨てた者は法令により処罰されます」と書いた看板のところに、ゴミが集中していることもある。こうした現場に防犯カメラを設置したら、ぴたりと不法投棄が止んだという例が、全国各地から相次いで報告されている。効果はてきめんだ。

ただし、問題もある。設置費用を誰が負担するのかということだ。そもそも不法投棄が私有地になされる場合、管理は土地の所有者が行わなければならない。不法投棄はれっきとした犯罪（廃棄物処理法違反など）だが、犯人を特定する証拠がないと警察はなかなか動いてくれない。自治体も、私有地の管理を助けるために予算は使いづらく、所有者に管理の徹底を要請することしかできない（土地の面している道路がどの役所の管轄なのかという縦割行政の難しさもある）。そもそも不法投棄がなされる土地は、所有者の所在が不明であるとか、管理にコストを掛けないなどの事情がある。

自治体、警察、土地所有者、周辺住民がいかに協力体制を築けるかが、問題を解決する決め手となる。

田畑やビニールハウスから農作物が盗まれる被害も、近年急増している。２０１６年６月、山形県天童市と寒河江市の計８箇所のサクランボ畑で、赤く色づいた収穫直前の最高級品種「佐藤錦」など計42キログラムが盗まれた。山形県警によるとサクランボを狙った盗難被害は毎年のように報告されており、近年では２００７年の計９２１キログラム（２７６万１４００円相当）が最悪で、直近は件数自体は減少傾向にあるも

の の、2015年でも計7件、128キログラム（41万4000円相当）が被害に遭っているという。*3

もちろん、狙われているのはサクランボだけではない。野菜、米、果物、茶、イモ、キノコ、干草、堆肥、田植機やトラクターなどの農機まで手当たり次第だ。それも「野菜泥棒」などというのどかなものではない。入念に下見をした上でトラック等で乗り付け、短時間に根こそぎ盗ってゆく。乱暴に枝を折られるなどして、翌年以降にも被害が及ぶケースもある。長い月日をかけて丹念に育てた作物を一夜にして奪われる、農家の方々のことを考えると怒りが込み上げてくる。

田畑やビニールハウスが狙われる原因は、やはり人目が行き届かないことによるところが大きい。土地は広く、自警しようにも人手が足りない。おまけに被害が多発する収穫期は多忙で農家の方々も疲れており、夜通し見回るわけにもいかない。だからこそ防犯カメラが威力を発揮できる場でもあるのだが、問題となるのはやはりコストだ。

農家の方々にとってみれば、種苗に始まり肥料、農機具、燃料、害獣対策など収穫までに必要な負担が大きく、一時期だけ必要になる防犯カメラにはなかなか投資しづらい事情もあるようだ。政府・自治体による補助金や、農協などでレンタルできる制度が整えば、状況もかなり違ってくるのではないだろうか。

＊3　山形新聞　2016年5月10日 社会欄

第2章

闇を見通し風雨に耐える構造とメカニズム

どんな防犯カメラがあるか①
――形状の違い

ここでは防犯カメラの、主に技術面について取り上げたい。とはいえ、一般の方にもわかるようなるべく専門用語に拠らず、わかりやすい説明を心がけるのでどうかご心配なく。また、防犯カメラの導入をお考えの方には機器の選定や設置にあたって、販売員と渡り合えるくらいの知識を得ていただけるようにしたい。

現在出回っている防犯カメラは、いくつかのタイプに分類できる。まずは、外見で見分けられるところから。

2章
闇を見通し風雨に耐える構造とメカニズム

小さな箱型の本体にレンズが付いたオーソドックスなもの。これは見たまま**「ボックス型カメラ」**と言って、主に屋内に取り付けられている。用途や設置場所に応じて、望遠や広角などレンズが交換できるのが特徴だ。防水性がないため屋外で使われる場合は、「ハウジング」と呼ばれるケースに収納されることが多い。

次に、レンズが筒型の本体と一体になっており、さらにレンズの周囲にLED（発光ダイオード）が幾つも並んでいるもの。これは**「IRカメラ」**と言って、赤外線を照射して暗闇でも撮影できるタイプだ（IRとはInfraredの略で赤外線のことだ）。屋内・屋外問わず取り付けられ、かつ耐久性にも優れている。

ビルや店舗内では、本体とレンズが半球型ケースに収まった**「ドームカメラ」**を見かける機会が多いかもしれない。いかにもカメラといった外観ではないため、お客様や従業員に威圧感を与えない。何かのセンサーか緊急用のライトだと思っている人も少なくない。内部のカメラは1台で広範囲をカバーでき、遠隔操作でレンズの向きやズーム／ワイドをコントロールできるものもある。

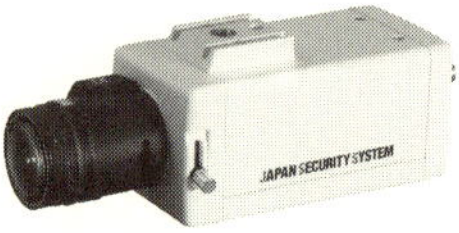

ボックス型カメラ

IRカメラ

ドームカメラ

どんな防犯カメラがあるか②
――映像伝送方式の違い

次に**「伝送方式」**による違いについて。実際に防犯カメラを導入しようと思うと、こちらがより重要になる。防犯カメラは、レンズを通して取り込んだ光をセンサーで電気信号に変え、ケーブルや電波で送り、録画装置のハードディスクやメモリーに記録している。そのとき、どのような電気信号に変換するかが「伝送方式」であり、いくつかの規格がある。それぞれに特徴があって、伝送方式が違えばカメラや録画装置やケーブルも異なる。

一般の人にもわかりやすいのは、**アナログ**と**デジタル**の違いだろう。アナログは映像を強弱のある電気信号の波にして、デジタルは0か1かの信号に置き換えて処理している。

技術的に新しいのはデジタルで、ネットワークに繋げて多数のカメラを遠隔操作したり、膨大な画像データから必要な情報を検索するなど、さまざまな使い方ができる。ケーブルで接続した場合でも信号の劣化が少なく、距離を経ても鮮明な画像が維持できる（ただし、仕様の限界点を超えると急に信号が途絶えてしまう）。

デジタルの防犯カメラには主に**「IP」**と**「EX-SDI」**という規格がある。IPはinternet Protocolの略で**「ネットワークカメラ」**とも言う。1台1台に識別番号であるIPアドレスが配され、インターネット網を通じて情報のやり取りができる。ケーブルには通信用のLANケーブルが用いられるが、発信機能を備えている機種であればカメラ本体から映像を直接インターネット網に上げられる。電源さえ確保できればほぼコードレスで運用できるので、設置が非常に容易だ。

例えば、最もシンプルな街頭防犯用ネットワークカメラは、100ボルトのコンセントさえあればどこにでも設置できる。映像はカメラに内蔵されたSDカードに記録され、容量が一杯になった後は古い映像が新しい映像に上書き保存されていく。無線ルーターが内蔵されているので、データが必要になった際には近くまで行ってスマートフォンやタブレットで見たりバックアップを録ることもできる。脚立に上ったりする必要はない。

一方、EX-SDIは、Extended-Serial Digital Interface の略で、高精細で劣化の少ないデジタル映像を遅延なく伝送することができる。前段階の技術にHD-SDIという規格もあるが、これは高精細な撮影ができる反面、伝送距離が100メートルと短かった。EX-SDIはその弱点を改善、300メートルまで延伸している。[*4]

では、アナログの防犯カメラはどうだろうか？　アナログというとどこか旧式のイメージがあるが、長年培われた信頼性があり技術革新もある。そして、何より初期投資や維持管理にかかるコストが抑えられるメリットが大きい。

まず信頼性の面だが、アナログの防犯カメラは同軸ケーブルを介して基本的に1台の録画装置とつながる。ＩＰがネットワークを介して様々な機器と繋がるのは便利ではあるが、情報管理という観点から言えば「繋がらない安心」もあるのだ。またデジタル信号は仕様の限界を超えるとプツリと途絶えてしまう。しかし、アナログ信号であれば距離が開くほど少しずつ弱まるので、急に映らなくなるということはない。

画質についてはどうだろうか。昔のアナログカメラは38万～58万画素といったレベルで精細さを欠いた。だが、現在は**「ＡＨＤ」**（Analog High Definition の略で「アナログハイビジョン」とも言う）という技術で、130万～224万画素の映像を伝送できる規格が登場している。特に最新版の**「AHD2・0」**では最大伝送距離300メートル、フルハイビジョンと同等の画質が実現している。*5

さらに、AHDには、従来の防犯カメラ用ケーブル（同軸ケーブル）がそのまま使えるという大きなメリットがある。すでにアナログの防犯カメラシステムを導入している施設やビルには、天井や壁や床下に同軸ケーブルが張り巡らされているはずだ。これを活かさない手はないだろう。AHDであれば、現在使用している旧式アナログカメラと対応の録

*4　映像同軸ケーブル「5C－FB」使用時。

*5　AHD2・0の場合、アナログ伝送方式の為、距離に応じた映像の劣化が発生します。

拡大時の比較映像

規格による仕様の違い

	IP	EX-SDI	AHD2.0	AHD1.0
解像度	1920×1080	1920×1080	1920×1080	1280×720
配線距離(3C－2V使用時)	100m (LANcat5)	－	200m	300m
配線距離(5C－FB使用時)	－	300m	300m	500m
映像遅延	あり	なし	なし	なし
コスト	△	△	○	○

※3C－2V ／ 5C－FBは「同軸ケーブル」の規格。同軸ケーブルとはテレビとアンテナを繋ぐときなどに使われるもので、銅線（内部導体）をポリエチレンなどの絶縁体で包み、その周囲を細い金属線を編み込んだ編組線（外部導体）で覆い、その外側にポリ塩化ビニルなどを被せたもの。3C－2Vと5C－FBは直径や使われている素材が違う。

画装置をリプレイス（交換）するだけで、メガピクセルの鮮明な映像が得られるようになる。コストパフォーマンスの良さはピカイチだ。

高精細な画質へのあくなき追求——フルハイビジョン対応

代表的なものに「4K」の映像技術がある。「4K」とは水平画素数3840×垂直画素数2160＝829万4400画素の高画質で、簡単に言うと「フルハイビジョンの4倍」の精密さだ。1秒間に映し出されるコマ数はなんと60コマ。ピンと来ない方はぜひ家電量販店に行って「4Kテレビ」の映像を見ていただくといいだろう。50インチ以上の大型液晶画面に映し出しても、人間のまつ毛の１本１本がくっきりと見える。

そして、防犯カメラ／監視カメラの分野にも、４Ｋ対応製品が登場している。４Ｋの防犯カメラを導入する利点の１つとしては、拡大ズームをかけていっても画質の低下が少ないことが挙げられる。例えば、渋谷の高層ビルからスクランブル交差点を歩く何千人もの群衆を撮影した映像を拡大して、その中からたった１人の人物を探し出すということも可能になる。

ただ、技術的には可能でも、一般向けに４Ｋの防犯カメラにどこまでの需要があるかは未知数だ。もちろん、画像は精細であるに越したことはないが、それだけデータ量は増大するのでＣＰＵの処理能力、圧縮・伝送の技術、大容量の記録媒体が必要になる。当面は、警察関係か大手警備会社が導入するくらいではないだろうか。

最新の技術を取り入れていく試みも大切だが、一方で防犯カメラに関しては行方不明者の足取りを摑んだり犯人の追跡ができるよう、必要にして十分な性能のカメラを「台数ベース」で普及させていくことのほうが喫緊の課題であると思う。

闇の中の侵入者を捉える夜目を備える

皆さんは、人がどうやってモノを見ているのか、そのメカニズムをご存じだろうか。

まず、太陽や電灯などの光源から発せられた光がモノに当たる。モノに当たった光は反射して、私たちの眼に届く。眼は「水晶体」からその光を取り込んで「網膜」で電気信号に変換し、「視神経」を通して「脳」に伝わる。脳では電気信号を映像として解読して「見えている」となる。

防犯カメラが映像を捉えモニターに映し出すしくみも、これと非常によく似ている。モノに反射した光を「レンズ」から取り込んで「イメージセンサー」（CCDやCMOS）で電気信号に変換し、「ケーブル」を通じて「モニター」に伝える。モニターでは電気信号を再変換して映像として画面に映し出すのだ。

いずれにせよモノが見えるには、まず「光」がなくてはならない。だが、防犯カメラが活躍を期待されるのは、いつも煌々と明かりが点いているところばかりではない。営業時間を終え消灯した商業施設、従業員が帰宅したあとのオフィス、人通りのほとんどない深夜の路地裏……e tc．侵入者は闇に隠れてやってくる。防犯カメラが「見えていませんでした」では話にならない。

では、どうするか？ 方法は2つある——感度を上げるか、光を当てるか（あるいは両方の組み合わせ）だ。前者の「感度を上げる」とは、わずかな光でも映像に変換できるだけの信号を作り出せるようにするということ。人間の眼には「真っ暗」に見えても、完全にまったく光がない状態というのはほとんどない。月や星の明かり、防犯灯・非常灯、看板やネオン、遠くの街の明かりが雲に反射して差し込む光もある。そうしたわずかな光から、イメージセンサーに生じるわずかな電気信号を、信号処理装置（ＤＳＰ）により、電気的に増幅することで映像化出来るようにする。だが、感度を上げるにつれ、ノイズが増加し映像の劣化が生じてしまう。

後者の「光を当てる」のはわかりやすい解決法で、以前は防犯カメラのある場所は消灯せずに夜間も煌々と明かりを点けておくとか、センサーが動く物体を感知したときにライトを点灯させるなどの方法があった。しかし、前者は電気代や節電の観点からも好ましくなく、後者は動物や布等が風に揺れるたびに点灯・消灯を繰り返すなど問題点があった。そこで現在は、赤外線を照射して暗視する方法が主流になっている。

赤外線は、電波や紫外線などと同じく人の眼には見えないが、イメージセンサーでは感知可能だから、受信後に調整して映像に還元することができる。ただし、私たちが「色」を識別する可視光線の領域外にあるので、昼間や室内灯の光の下ではカラーで撮影できるカメラであっても、赤外線撮影時はモノクロに切り替わる（特殊なイメージセンサーによって赤外線でもカラー画像を得る最新技術も開発されている）。

今では暗視用として当たり前になっている赤外線ＬＥＤだが、これを防犯カメラに搭載し「ＩＲカメラ」として世に出したのは、国内では日本防犯システムが最初である。

国産メーカー各社は、より低照度での撮影と、高感度撮影時のノイズを減少する技術を志向して、開発競争を繰り広げていた（当然ながら製品価格は相当に高くなる）。

一方、台湾や韓国などの新興工業国では、２０００年頃から赤外線ＬＥＤの製造コストが急激に下がり始めていた。台湾に製造ルートを持っていた当社は、現地メーカーと赤外線ＬＥＤを搭載した日本向けの「ＩＲカメラ」をいち早く開発。これまでになかった画期的な製品として、市場から高い評価を得た。画像はモノクロになるが、低価格でも暗闇を映し出せるという現実的なコンセプトが受け入れられたのではないだろうか。

ちなみに、防犯カメラの最低照度（撮影に最低どれくらいの明かりが必要か）は、一般に「ルクス」（lx）という単位で表される。例えば、快晴の日に太陽が照らし出す風景が10万ルクス、曇天の昼間だと１００0ルクス、コンビニ店内や事務所が５００ルクス、地下駐車場が10ルクス。夕闇でモノのカタチがわかる程度がだいたい１ルクスで、人の眼が利くか否かの分かれ目と言われている。

では、防犯カメラはどれくらいかと言うと、ＩＲカメラ（２１５万画素）の場合、モノクロ（赤外線照射）で０・０００1ルクス～、カラー（赤外線不使用）で０・００1ルクス～。人の眼には「真っ暗」にしか見えない暗闇でも、防犯カメラの目は確実に侵入者の姿を捉えることができるのだ。

暑さ、寒さに耐えうるタフさ

このように、最新の防犯カメラはＡＶ機器並みかそれ以上の機能が搭載された、超・精密機器だ。だが、ＡＶ機器と防犯カメラでは、使用環境や扱われ方に決定的な違いがある。

例えばＡＶ機器としてのビデオカメラが、屋外で雨ざらしにされることはまずないだろう。埃を被ればエアブローで除塵され、汚れが付けばクロスで優しく拭き取られる。運搬に際しては衝撃が加わらないように細心の注意が払われ、メンテナンスも適切に行われる。

ところが、悲しいことに防犯カメラに関しては、そこまで丁寧に扱ってもらえることはまずない。ひとたび屋外に取り付けられれば、風雨に晒され、夏の直射日光が当たっても、冬の氷点下に凍っても、基本的にはそのままである。それでいて、いざというときに映っていないなどということはあってはならない。身近なＡＶ機器や精密機器で、ここまで過酷なミッションが与えられているモノは、ほかにないのではないか。

屋外用防犯カメラは、おおよそマイナス10℃〜プラス50℃の外気温で動作する性能を備えている。マイナス10℃以下の寒さになり得る寒冷地では、ヒーターを内蔵したハウジングに収納することで対応する。精密機器は冷え切った状態から電源を入れると、動作が安定するまで時間がかかる場合があるが、防犯カメラは基本的に常時通電し作動しているので寒さに対しては対応しやすい。

その点、暑さはよりやっかいな問題だ。パソコンも外気温が高くなると「熱暴走」を起こしやすくなるように、精密機器は熱に弱い。ハウジングには一定温度以上になるとファンを回して排熱する機能もあるが、外気温が高温だと冷却効果は限られてしまうし、塵や埃を寄せてしまう要因にもなる。

機器自体の耐久性を高める工夫が欠かせないが、その1つが外装のカラーリングである。黒は見た目には締まって格好はいいが、熱を吸収しやすいので屋外の設置を前提とした製品では信頼性が損なわれる。

日本防犯システムの製品ラインナップは、外装を締まりのある独自の白色（ＪＳＳホワイト）で、映像に悪影響を与える恐れのある反射が発生する場所は、黒色で塗装して、反射を抑えるカラーリングに統一している。これはブランド戦略の1つでもあるが、根底には製品の信頼性を重視するこだわりがある。

雨にも負けず粉塵にも負けず
――IP66の強靭な躯体

克服しなければならないのは、光や温度ばかりではない。屋外に設置される防犯カメラには台風や豪雨が来れば横殴りの風雨も当たるし、黄砂や粉塵にも晒される。精密機器には過酷な使用環境だが、それをものともせず機能する耐久性がなければ製品として通用しない。

防水や防塵に対する性能は、IEC（国際電気標準会議）やJIS（日本工業規格）が保護等級を定めており、基準性能をクリアした製品にIPの表示を認めている。例えば、日本防犯システムのラインナップでは、屋外での設置を想定した製品は「IP66」の基準をクリアしている。

ＩＰ66の「ＩＰ」は保護特性記号でInternational Protection（国際保護）の略。前半の「6」は粉塵に対応する基準（人体および固形異物に対する保護）で最高レベルの「粉塵が内部に侵入しないこと」を、後半の「6」は防水・防滴に対応する基準（水の侵入に対する保護）で「波浪またはいかなる方向からの水の強い直接噴流によっても有害な影響を受けない」ことを証明している。特に防水実験は直径12・5ミリのノズルから毎分1リットルの水をあらゆる方向から3分以上散水して影響の有無を見る過酷なもので、これをクリアしていれば台風やゲリラ豪雨などものともしない（ちなみに防水性能が「ＩＰ○7」になると、水中に完全に沈めても影響を受けないまでの耐久性になる）。

最近は「異常気象」で夏場の雷雨が増えている。さっきまで晴れていたのにみるみる黒い雲に覆われて、排水溝から溢れるほどの雨が短時間に降り注ぐ。このとき、私が懸念するのは雨よりも雷だ。雷が直撃してはタフさを誇る防犯カメラもさすがに無傷ではいられないが、付近に落ちただけでも致命的なダメージを受けることがある。

落雷によってある空間に強い電磁界が生じると、空間内にある導線（電線や電話線）に誘導電流が発生して、コンセントやモジュラージャックを通じて電子機器に過剰な電流が達してしまう。オフィスビルなどは過電流対策が講じられている場合が多いが、それがなければ回路基板が完全に壊れてしまう場合もある。

防犯カメラに目隠しを作る難敵の存在

設置するときには、多くの人が想像だにしていないであろう〝難敵〟も現れる。それは夜のうちに音もなく影の如くやってきて、防犯カメラにとって命とも言えるレンズに白い目隠しをしてしまう。

その難敵とは、蜘蛛。屋外に設置するタイプのＩＲカメラには直射日光や水滴を防ぐ庇が付いており、蜘蛛にとっては格好の営巣環境になり得る。また、あたりが暗くなるとＩＲカメラが発する赤外線は人の目には見えないが、ある種の羽虫には見える。蜘蛛は赤外線の光に集まってくる獲物を狙うのかもしれない。

いずれにせよ、レンズの前に巣を張られると、いかに暗視機能やメガピクセルのイメージセンサーを搭載していても、防犯カメラは威力を発揮できない。小まめに除去してもらえればいいのだが、手の届かない高い位置に設置されていると、脚立を出して上ってもらわなければならず面倒だ。

そこで、いくつかのＩＲカメラには**「蜘蛛の巣ガード機能」**が搭載されている。前方部から虫の嫌がる特殊な超音波を発生させて、蜘蛛や虫が集まるのを軽減できる。蜘蛛の巣を１００％解消できるものではないが確かに効果はあり、メンテナンスの手間を省いてくれる。

侵入者にはお見通し？「ダミーカメラ」に効果はあるか？

私が防犯カメラの事業を始めて最初の月の売上は今でもはっきりと覚えている、たったの２５００円だった。その翌月は2万５０００円。いずれも、防犯カメラ１台の値段より遥かに安い。なぜかと言うと、売れたのは中身が空っぽの「ダミーカメラ」だったからだ。売れたのはそればかりだった。
当時も銀行やコンビニなどに設置されて、「防犯カメラ」の存在自体は広く知られていた。一方で国産メーカー品が1台30万円近くもして（輸入品はほとんどなかった）、小規模店舗や個人宅にはなかなか設置できるものではなかった。「とても本物は買えないが、せめて威嚇だけでも」と考える人が多かったのも当然だった。

防犯カメラには威嚇効果・抑止効果が確かにある。後ろめたいことをしようとしている人物は、見られることを嫌う。防犯カメラはそうした者に「見ているぞ！」とアピールし、行動を思い止まらせることができる。人間心理はもちろん今も変わっていない。ダミーカメラはイタズラなどに対しては十分な効果を発揮するだろう。

だが、プロの犯罪者に対してはどうか。ネットで「ダミーカメラ」と検索すれば、当該商品はゴロゴロ出てくる。犯行現場を見られては命取りとなるプロが調べていないはずがない。防犯カメラを避けようとする者は、防犯カメラをよく研究している。もし、下調べをしているときにダミーカメラを見つけたら「ここは録画していません」とアピールをしているようなもの。完全に逆効果になってしまう。

プロの犯罪者でもなかなか見破れないダミーカメラも、あるにはある。それは、ケースにもレンズにも本物が使われている場合だ。それも適切な設置の仕方をされ、複数設置されている本物の中の数台のみがダミーカメラという場合には有効だ。ただ、どこにどんなダミーカメラを設置するか、複数の本物の中に紛れ込ませるうちのどれをダミーカメラにすればいちばん効果的かなどの「知恵」は、一般の人にはなかなかない。

防犯のプロには「知恵」がある

著者としては、もし読者の皆さんが機種の選定や設置をお考えなら、是非一度「防犯カメラのプロ」に相談されることをお勧めしたい。例えば公益社団法人・日本防犯設備協会では**「防犯設備士」「総合防犯設備士」**という資格を認定している。前者は事前レポートを提出して知識試験と技能試験をパスするか、後者では筆記試験か3日間の講習認定をクリアした上で面接試験に合格して初めて取得できるプロの資格である。

防犯カメラの性能は近年飛躍的に向上しているし、価格も以前に比べればかなり手頃になってきている。だが、防犯カメラは本体だけで機能を発揮できるものではない。設置箇所や固定方法に甘さがあってカメラが傾いてしまったら、いかに最新鋭の機種であろうと狙ったところは映せないだろう。

防犯カメラが設置される場所は、二つとして同じ条件はない。どこにどのような防犯カメラを設置するのが効果的か、既存の設備で活用できるものはないか、予算内でシステムを組むなら機種のグレードを落としても台数を増やしたほうが効果的なことも、その逆のこともある。プロであれば、機種の特性のみならず犯罪者の手口や傾向も熟知した上で、きちんとしたアドバイスができるはずだ。

一度設置すると、防犯カメラは黙々と働き続ける。頻繁に入れ替えたり、付け替えたりするものでもないだけに、機種選定と設置が重要になる。

あるいは、特に住宅地などでは通りに面した場所に防犯カメラを設置する際に、プライバシーの問題で、近隣住民からクレームが付いてしまうこともまれにある。周辺のセキュリティにも資する防犯カメラの設置が、ご近所とのトラブルの原因になってしまっては元も子もない。こうした場合でも数多くの設置工事をしている代理店であれば、良いアドバイスがもらえるだろう。

事前に一言あいさつと簡単な説明をしておけば問題なかったというケースがほとんどだが、設置位置の都合上どうしても玄関が映り込んでしまうところでは、ソフト上でマスクをかけて（近隣住民宅の人の出入りが見えないように映像処理を施す）確認してもらい了承を得る方法もある。

第3章

メイド・イン・ジャパンにこだわる専業メーカー奮闘記

防犯カメラの「これまで」と「いま」を知っていただいたところで、私が防犯カメラの会社を起業し、独自製品を展開するようになったいきさつについて、もう少し詳しくお話しさせていただきたいと思う。日本経済が未曾有の不景気に喘いでいた1990年代後半、福岡県で産声を上げた、とある零細企業の奮闘物語としてお楽しみいただけたら幸いである。

半年間、1台も売れぬまま諦めきれず雇われ社長に

第1章でも簡単に触れたが、私が防犯カメラの仕事を始めたのは19

3章 メイド・イン・ジャパンにこだわる専業メーカー奮闘記

99年、福岡県久留米市を地盤とするコインパーキングメーカー「オーケイテクノ」に勤務していた時だった。「10年先を見据えれば防犯カメラは売れる商品だ。これをコインパーキング機器に次ぐ事業の柱に育てよう」と言い出したのはオーケイテクノの社長で、今にして思えばとても先見の明がある方だった。

転職してきて間もない私がその任に当たり、国産の防犯カメラを売り歩いたのだが、さっぱり契約が取れない。行く先々で「何で今さら防犯カメラなんだ？ そんな時代は終わっているよ」と言われてしまう。しかし、あちこちの現場で機器を壊されたり料金未払いで逃げられる実情を知るにつけ、私は「これは求められている商品だ」との確信を強くした。

「潜在的なニーズはある。売れないのは高すぎるからだ」と思った私は、英国で普及している防犯カメラの多くが台湾製であることに目を付けて仕入れ先を開拓するなど、半年間必死に動いた。

だが、しばらく耐えていれば過ぎ去ると思っていた不景気の嵐は、弱まるどころか酷くなる一方だった。10年先を見据えて始めた防犯カメラ事業ではあったが、会社の屋台骨が揺らいでは続けようがない。結局1台も売れないまま、半年ほどで「中止命令」が下ってしまったのだった。

諦めきれなかった私は「独立させて下さい。オーケイテクノのコインパーキング機器の販売をやりますので、防犯カメラ事業を譲って下さい」と頼み込み、認めてもらった。ちょうど「お前が独立するなら一千万円を出資してやろう」と言う人がいて、事業資金のアテはあったのだ。雇われ社長ではあったが、とにもかくにも私は「社長」の肩書を持って、防犯カメラのビジネスを続けられることになった。

経営はいきなり火の車、学資保険を解約し運転資金に

その会社は雇われ社長兼営業担当である私と、前職の部下から紹介してもらった技術担当のA君と、パート従業員をしていたBさん、そして出資してくれた社長の知人女性の4人でスタートした。

コインパーキング機器は需要もノウハウもあったのでそこその売上げは立ったが、防犯カメラのほうは相変わらず苦戦していた。それでも、やっと一筋の光明が見えた。佐賀のとある小さなアマチュア無線機の販売会社が、私の持ち込んだ台湾製の防犯カメラに興味を示し、取り扱ってくれることになったのだ。

携帯電話の普及に伴ってアマチュア無線機の市場は急速に縮小してい

た。経営者が「無線機に代わる何か」を探していたところに、私が折良く防犯カメラを持ち込んだというわけだ。スパイカメラや盗聴器のような怪しげな商品も扱っていたが、何といってもこの会社の強みは当時まだ黎明期だった「ネット通販」のノウハウを持っていたことだった。

個人で防犯カメラを購入し、かつ自力で設置しようなどという需要は、非常に稀有だったかもしれない。だが、日本全国を対象にすればそれなりのボリュームになる。「ここを卸先として押さえておけば、細々とでも防犯カメラ事業は続けていけそうだな」という微かな期待があった。

しかし、経営の方は最初から「火の車」だった。出資金の一千万円は早々に引き揚げられてしまい、私はコインパーキング機器と防犯カメラを売り歩きながら、事業資金を掻き集めることにも奔走することになった。

当時の銀行や信用金庫はカネを貸してくれないので（当時、銀行は不良債権処理に手一杯で零細企業に融資してくれるような状況ではなかった）、定期預金や学資保険を解約して運転資金に充てていた。なぜ、いつの間に一千万円が引き揚げられてしまったのか、それが法律上許されることなのかどうかも、当時の私にはわからなかった。とにかく売らなければ、金を工面しなければ――そのことだけで頭の中はいっぱいだった。

そんな私の窮地を見かねて助言をくださったのは、税理士さんだった。
「あんた、今どんだけおかしなことになってるかわかってるか？　自分で運転資金を出してるのに売上金だけ持っていかれて……もうやめなさい」

それでようやくハッと気づいた。「そうだ、これはおかしい。やめよう」と。その税理士さんはもともと一千万円を出資した（そして引き揚げた）人の会社を担当していた方だから、私にこのようなアドバイスをするのは立場上はまずい。それでも、良心の呵責に耐えかねて言ってくれたのだろう。私にとっては恩人である。

今度こそ本当の独立、いきなり背負った借金一千万円

だが「やめます」と言ってすんなり許してくれる相手ではない。「袂を分かつなら一千万円を返済しろ」と言われてしまった。出資金の一千万円はとうに引き揚げられている。違約金か手切れ金か、どんな名目の

金なのかはさっぱりわからない。だが、とにかく相手は怒り心頭で「一千万円を払わなければ、訴訟でも何でもしてお前を追い詰めてやるぞ」と言ってくる。

こちらは事業資金のために預貯金はとうに底を突いている。弁護士をつけて争う資金などあるはずもない。何より福岡でそれなりに手広く商売をやっている相手だ、地方都市の狭い経済圏で悪い噂でも流されたらやっかいだ。モメたくないという思いが先に立った。そこで「コインパーキング事業は手放しますので、防犯カメラ事業と卸先は私に譲渡してください。それでしたら一千万円は支払います」と返答した。相手も「それなら」ということで〝手打ち〟ができた。

こうしてコインパーキング機器販売事業は相手の知人女性が「新社長」となって継続し、防犯カメラ事業は私とA君とBさんの3人が新会社を設立して続けることになった。あちらは安定的な売り上げが見込めるコインパーキング機器販売の事業を手にできれば良く、まだ海のものとも山のものともついていない防犯カメラ事業は無価値に見えていただろう。我々のほうはいきなり一千万円という、途方もない借金を背負ってしまった。それでも私には「これで何とかなる」という確信があった。

創業期の会社を支えた、2つの革新的なヒット製品

確信の根拠は、例のアマチュア無線機の販売会社での売り上げが底堅かったからだ。これから会社を大きく成長させていこうなどとは、思ってもいなかった。だが一千万円の借金をコツコツと返しながら、私を含

めた社員3人が家族を養っていけるくらいの売り上げは見込めそうだった。

幸いにしてヒット商品も生まれた。激安のデジタルビデオレコーダー(DVR)だ。当時、国内では「タイムプラスビデオ」というVHSのカセットテープに一定間隔で記録日時と共に静止画を撮っていく方式が主流だった。連続撮影するとすぐにテープがなくなってしまうからだが、どうしてもカクカクした(パラパラ漫画のような)動きになるし、録画時間がいっぱいになるとカセットを交換しなければならず、また繰り返し録画することによってテープが劣化して画像が飛んだり色が薄くなるということもあった。

1990年台の半ばに大手家電メーカー各社からHDD・DVDレコーダーが発売されたが、まだまだ高級品だった。私にも「HDDは高価」

の認識しかなかったが、台湾で開催された見本市で偶然にも格安のＨＤＤレコーダーが出品されているのを見つけた。すぐに価格交渉をして日本に輸入する手筈を整え、最低限の手間賃だけを乗せて激安価格で販売した。売れないはずがなかった。

実は大手メーカーも防犯カメラの映像をＨＤＤに記録するビデオデッキを製造してはいたのだが、非常に高価な商品だった。ラインナップではタイムプラス方式のビデオデッキが主力で、新商品も出していた。営業戦略上の縛りがあったのだと思う。だが、こちらには何の枠もしがらみもない。新興企業だからこそできた価格破壊だった。

さらに翌年には、当社の代名詞ともなる赤外線ＬＥＤ搭載カメラもリリースできた。これも「防犯カメラは屋内に設置するもの」という常識を打ち破る、ヒット商品になった。

もちろん、当時も屋外用の防犯カメラがなかったわけではないが、屋外に設置するには精密機器であるカメラを頑強なハウジング（ケース）に収納する必要があった。排熱用のファンや防寒用のヒーターを内蔵した大型のハウジングは高価で、費用対効果の観点からも屋内向けを選択するのが当たり前だった。

だが、私は防犯カメラは屋外に設置するほうが絶対にいいと思っていた。確かに屋内に設置すれば侵入者を捉え決定的な証拠となり得るが、それは事後対策でしかない。屋外に設置しておけば、侵入しようとする者が犯行を思い止まる可能性がある。読んで字のごとく「犯罪を防ぐカメラ」になり得るではないか。

暗闇を撮影するのにイメージセンサーの感度を上げるのではなく、LEDで赤外線を照射するという発想も斬新だった。筒型のIRカメラはコンパクトで、ハウジングに入った防犯カメラや室内向けのボックスカメラとは見た目にも明らかに異なる。こちらも価格をできる限り抑えて販売したことが功を奏し、定評を得ることができた。

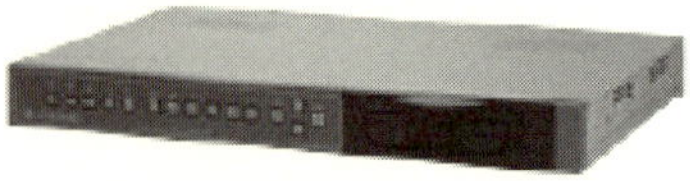

デジタルビデオレコーダー（2001）
タイムプラスビデオが主力だった時代に、デジタルビデオレコーダーを激安で発売。国内では高価だったHDDレコーダーで価格破壊を仕掛けた。

ドーム型ダミーカメラ（2001）
本格ドーム型ダミーカメラを国内で販売したのは日本防犯システムが初。万引き防止、事務所、店舗内などどこにでも設置ができる利便性の高さが話題に。

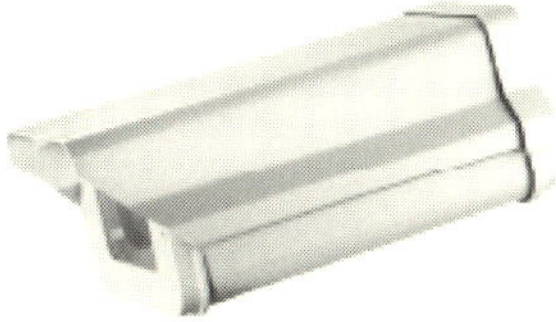

コンパクトサイズの屋外用ハウジング（2001）
それまでハウジングは大型のものばかりで、どこにでも取り付けられるものではなかった。小型軽量のハウジングは新たな市場を開拓した。

スーパーＩＲ一体型屋外用カメラ（2002）
スーパー赤外線LED搭載の屋外カメラを国内で販売したのは日本防犯システムが初。100％の暗闇でも撮影可能で、屋外でも24時間監視が可能になった。

ところで、当時の仕入れはどうしていたかというと、私が現金を持って台湾に飛んで製造工場から直接製品を買い付け、手荷物で持って帰ってくるというものだった。当然ながら運送コストは船便の方が遥かに安いが、混載コンテナの空きを探して積み込んで、税関を通して手元に届くまでには早くても1カ月はかかる。日銭を稼がなければならない我々に、それを待っている時間はない。

買付資金が工面できたら台湾に飛び、持ち帰って無線機会社に卸す。その売上から借金を返して従業員の給料を払い、残りのカネを持ってまた台湾に飛ぶ。買付資金が間に合わないときは消費者金融でキャッシングをすることもあった。

転んでもただでは起きぬ、通販に進出し販路を拡大

無線機会社とは卸問屋と小売店の良好な関係が続いたが、ある出来事をきっかけにそれが途切れることになってしまう。あるとき先方から、

「なぁ賀来さん、この防犯カメラはどんなメーカーから仕入れているんだい？　販売者としては一度、製造現場を見ておきたいのだがなぁ」

と懇願された。そういえば、自動車メーカーも販売店を招いて製造工場の見学ツアーをやっている。今後の販売拡大のプラスにしてもらえるのならばと私は彼を台湾に連れて行き、いろいろな人に引き合わせ、あちこち見てもらったのだった。


ところが、それから間もなくして無線機会社からの注文はぱったりと

途絶えてしまった。怪訝に思って通販サイトを見てみると、我々が卸していたのとまったく同じ製品が継続販売されているではないか。つまりは我々を介さず、製造工場のうちの1社と直接取引をするようになったのだ。これは大変にショックだった。

当然、台湾の工場を問い詰めたが、相手はのらりくらりとしらばっくれる。いつも日本語でやり取りしていたのに、急に話が通じない。「どう見ても同じ製品じゃないか！」と怒鳴ると、最後には逆切れして「色が少し違う！」などと言い出す始末。

あちらが我々の畑（卸）を荒らすなら、我々も相手の畑（小売り）に乗り込むまでだ。これまでの取引でネット通販の何たるかはわかったし、こちらにはシステム担当のA君がいる。すぐに通販サイトを立ち上げてネット販売を始めることにした。

だが、無線機会社のネット通販がアマチュア無線機の他にも、スパイカメラやら盗聴器やら様々な品揃えで成り立っているのに対し、我々には売れる商品が防犯カメラしかない。ならばこちらは「防犯カメラ専門店」としてやっていこう。顧客が選びやすいようカメラ4台とレコーダー1台をセットにしたパッケージ商品を作り、全国各地に工事業者を探して取付作業の手配もできるようにした。

このアイデアが「大当たり」だった。他のネット通販業者との明確な差別化ができ、予想を遥かに超える注文が舞い込んだ。私は仕入れに大忙しで月に4~5回も福岡と台湾を往復し、一度に100台近くを買って帰ることも。常宿ホテルのロビーの一角は私が滞在する度に防犯カメラの梱包がうず高く積み上げられて、私は現地でちょっとした「有名人」になってしまった。

あなた方には売りたくないと言われてしまった驚きの理由

ひょんなことから始めたネット通販事業は軌道に乗ったものの、楽観できる要素は何もなかった。ネット通販は「売り切り」の世界、顧客は製品価格をシビアに比較してその都度最安の販売店から購入する。ゆえに顧客との関係性が継続しにくいのだ。我々が成功できた要因である製品のパッケージ販売も、全国の取付業者手配システムも、残念ながら我々の専売特許ではない。真似をしようとすればすぐに出来るし、実際あちこちに競合が出始めていた。

ネット通販以外にも販路を作っておきたい、それにはしっかりとセールスで売る法人向けの卸をやるべきだ。そういった思いから2004年8月に立ち上げたのが、日本防犯システムの前身である「オンセールス」という会社だった。

オンセールスの事業は、現常務取締役の西山がたった一人で担当していた。資本金は300万円しかなかったから、独自の仕入れもできない。西山は毎日千本のファックスを送り、数百通の電話をかけ、十数件の飛び込み営業で文字通り孤軍奮闘していたが、やがて「営業が自分一人では限界がある。だが販売代理店になってくれる会社を開拓できれば、そこの営業力を借りて何十倍にも販路を拡大できるのではないか」と気づき、オンセールスの屋台骨を支えてくれた。

ちなみに、オンセールスの社名は「ナンバー・ワンのセールスを目指す」という意味のONE-SALESと「セールスの上（ON）を行こう」という思いを込めて付けたが、創業5年目に現在の「日本防犯システム」に変更した。

理由は、ある見本市で商談を持ちかけた海外の製造会社の社長さんに「安売りをするような会社とは取引しない」と言われてしまったことだった。まだ値切ってもいないのに何故？と不思議に思ったのだが、聞けば英語で「安売り」のことを「On Sale」というらしい。これは恥ずかしいとすぐに社名を変えることにした。

ちょうどその時に別のところで「中国では国名を社名に冠することができるのは国営企業だけ」とも聞いた。幸いにして日本にはそんな窮屈なルールはないから「日本」を冠して堂々と日本企業であることをアピールしよう、そして単にカメラを販売するのではなく犯罪撲滅のシステムを売っていきたいという思いから「日本防犯システム」とした。

ところが、この新社名に思わぬところからクレームが付いた。会社名

（商号）を登記する法務局から「名前が壮大すぎる」との理由で申請を却下されてしまったのだ。

商業登記には使用できる文字の制限や、同一の住所に同じ会社名は使用できないなど幾つかのルールがあるが、企業規模を理由に社名に「日本」を付けてはいけないなどという規定はない。司法書士さんに抗議してもらい認められたが、この一件は大変悔しかった。

3章
メイド・イン・ジャパンにこだわる
専業メーカー奮闘記

商売はやり方よりも在り方、大久保秀夫会長との出会い

創業当初に背負った一千万円という莫大な借金は2年あまりで完済す

ることができた。だが心が休まることはなく、息つく暇さえない。日曜の昼下がりに妻と会社前の花壇を手入れするひと時だけが、唯一癒される時間だった。

防犯カメラは相変わらず、飛ぶように売れていた。業務拡大に合わせどんどん社員を採用したが、次から次へと辞めていく。売上至上主義のモーレツ会社は、どこも似たような状況であるに違いない。そうしてやってきた会社だが、同時に「こんな経営ではいずれ行き詰まる」という漠然とした不安が消えることはなかった。

そんな折、私はある経営セミナー（中小・中堅企業の社長が700人も参加する大規模なものだった）に参加して、運命的な出会いをする。それは分科会講師として列席していた株式会社フォーバル代表取締役の大久保秀夫氏で、偶然講演を聞けることになったのだった。そこで言われていたことは――

・経営の〝やり方〟よりも〝在り方〟が大切だ。
・会社の在り方とは何か、自身の在り方とは何かを考えなさい。
・経営者には社員やその家族を幸せにするという使命もある。
・まず会社の社会性を考え、次に独自性を考えなさい。経済性は最後。
・感謝される会社は成長するし、皆が納得する。

――こうした話のどれもが、その時の自分の心にストンと落ちて納得できた。私はセミナー参加者の同志と作る大久保塾に入り「自分の会社の在り方とは何か」をひたすらに考え、社員にもこんこんと説くようになった。

昨日まで「売上が全てだ」と猪突猛進していたトップが、ある日を境に「在り方が全て」などと言い始めたものだから、社員が戸惑うのも無理はなかった。中には「社長は変節した」と憤り、反発する者もいた。大久保氏からは「経営方針を変えれば退職者が出るぞ」と言われていたが、事実その通りになり、ぽつりぽつりと人が辞めていった。

そうして、ついに「事件」は起こってしまった。

社員の半数が離脱するクーデターに見舞われた

きっかけは、台湾で製造工場との契約交渉を担当させていた現地社員のSが、バックマージンを受け取っていることを、私が偶然知ってしまったことに始まる。外部委託者の銀行口座に入金させるという手の込んだスキームで、タチも悪い。だが、Sの父親は現地の地方議員でもあり、短絡的に動けばビジネスを妨害されかねない。そこで証拠が揃うまでは静観し、穏便に退職させる手筈を整えた。

日本側でも「異変」は起こり始めていた。ある日、数人の社員が退職し、時を同じくして隣県で同じ事業会社を立ち上げる「クーデター」を起こしたのだ。彼らは会社の大切な機密情報を持ち去っていた。しかも、事業会社の電話番号は市外局番以外全部同じで、ホームページのデザインも瓜二つ。相当、周到に準備されたクーデターだった。

そして、彼らを焚き付けたのは、私に切られることを察知したSであったことも判明した。というのも、その会社で台湾側との交渉担当に就任したのがSであり、出資者にも名を連ねていたからだ。

人が一気に抜け、機密情報も持って行かれ、売上が一気に落ちて、この時ばかりはさすがの私も「もうだめだ……」と落ち込んだ。だが、見方を変えれば彼らが離れて行ったのは「在り方重視の経営方針」を推し進めるチャンスでもあった。社是を制定し、会社のさまざまな制度を整え、新卒者を採用した。

当時を知る社員は誰もが「あのクーデターで会社は変わった」という認識を共有している。今にして思えば今日の「日本防犯システム」があるのは、この時一気に「血の入れ替え」が出来たからではないかとも思える。

恐らくこの頃から、私の中にメイド・イン・ジャパンの防犯カメラメーカーを志向する気持ちが芽生えたのだと思う。「日本防犯システムの独自性とは何か」を自問自答する中で、ぼんやりと見えてきたのがこれだった。

防犯カメラを仕入れて売ることは、ルートさえ確保すればどこにも真似ができる。社員にクーデターを許したのも彼らに仕入ルートと交渉担当者が押さえられたからで、その先には販売先の奪い合い、体力の削り合いしかない。だが、自分たちで「ものづくり」に参画すれば、独自性を追求できる。もし、真似されたとしても、こちらはもっと良いものを作ることで対抗できる。大久保会長には「誰とも競合しない立ち位置を探せ」と言われ続けてきたが、これこそがその「答え」ではないかとの思いが日に日に強くなっていった。

もちろん、当初は「出て行ったやつらには絶対に負けたくない！」という悔しさも相当にあった。白黒のケジメを付けたい一心で訴訟も起こし、きちんと賠償金も取った。だが、今はもうわだかまりはない。あるとき、偶然に台湾で再会した元社員と「頑張っているね」と握手したが、今もまだ同じ土俵で鎬を削り合う同士だったならあんな握手はできなかったかもしれない。

メイド・イン・ジャパンのこだわり

日本は「ものづくり」の国である。日本の自動車やバイクは世界中で人気だし、電子機器・精密機器にも圧倒的な信頼がある。メイド・イン・ジャパンのブランド力は、製造業に関わる先人たちが不断の努力によって築き上げてきたものだ。

3章
メイド・イン・ジャパンにこだわる
専業メーカー奮闘記

一方、ここ十数年で韓国、台湾、中国など新興工業国の技術開発力が飛躍的に向上し、分野によっては日本との差はほとんどなくなっている。最近はタイ、マレーシア、ベトナム、インドネシア、インドなども生産能力を高め、高度な電子機器・精密機器が製造できるようになった。製造コストにおいてはもはや日本とは比較にならない。

私自身、防犯カメラのビジネスは台湾製品の輸入・販売から始めているし、日本防犯システムの現在のラインナップにも輸入品は多くある。日本製だから性能が勝っている、海外製だから劣っているということはなく、むしろコストパフォーマンスという観点から見れば海外製の方が優れている場合がほとんどである。それでも私は今後、メイド・イン・ジャパンの製品を旗艦に据えて、市場シェアを伸ばしていきたいと思っている。

何が圧倒的に違うかと言えば、例えば不具合の発生率だ。台湾製の輸入販売を始めた当初には、こんなことがあった。お客様から「防犯カメラのケース内部に水が溜まっている」というクレームを受けて営業員が駆けつけた。その製品はＩＰ６６の基準を満たしており、横殴りの風雨でも水の侵入など起こり得るはずがない。だが、営業員が確認したところ、ケース内には確かに水が溜まっている。

当初はそういったトラブルが起こる度に製造工場に問い合わせていたのだが、先方は「確かにテストを通過しＩＰ６６の基準をクリアした」と絶対に不具合を認めない。こちらから現物を送って再検査・修理をさせてもいいが、お客様が求めているのは「今すぐに使えるように直してくれ」という対応だ。この時は営業員が製品を会社に持ち帰り、独自に防水補強を施して設置させていただくと同時に、同型の在庫や既に納入した先にも出向いて全て同じ補強をした。

CPUのバグ、ハードディスクの耐久性、配線、ソフトウェアのプログラム……なにかある度に検索し、技術仕様書を紐解き、解決策を探るうちに、こちらにも知識がついてくる。もはや文系だ理系だなどとは言っていられない。目の前のお客様の要望に対応すべく、何でもやるしかないのである。

神は細部に宿る
――妥協を許さぬものづくり

高性能を謳う海外製品を分解すると、主要部品には日本製が使われていることが多い。製造工場の対応が遅いならば、こちらで何とかするしかない。不具合が発生すると営業員が調べ、日本製部品に原因がありそうだとわかれば直接問い合わせる。我々は彼らの直接の顧客ではないが、日本の技術者は決まって迅速に対応し、問題解決に協力してくれるのだ。

幾度か同様の経験をすると、こうした対応が「日本ならでは」のものであることを知る。マニュアルでも損得勘定でもない、技術者としてのプライドと責任感が日本のものづくりの現場にはあることに否応なく気づかされるのだ。

目に見えない細部まで徹底的にこだわり、そこまでする必要はないと思われる部分にまで妥協を許さない。例えば、製造の現場を訪れてみれば一発でわかる。日本の工場は従業員の身なり・姿勢・動作、モノや道具の配置、張り詰めた空気や臭いまでもが違う。国民性と言ってしまえば簡単だが、どんなに厳密な検査項目を設定しても、技術仕様書で詳細に規定しても、海外では決して同じことはできない。

3章 メイド・イン・ジャパンにこだわる専業メーカー奮闘記

防犯カメラはもはや特別なモノではない。インターネットでも簡単に購入できるし、比較的安い製品をＤＩＹで取り付けても、それなりにきちんと作動するだろう。だが、セキュリティという重大な任務を担う以上、製品には何より「信頼性」が求められる。信頼性とはつまり長期間の使用に耐え、いかなる状況でもきちんと作動しているということだ。いざというとき「映っていませんでした」ということがあってはならない。そうした場合にやはり頼りになるのは、メイド・イン・ジャパンの安心感だ。

ただし、ここで何をもってメイド・イン・ジャパンとするかについても論じておく必要がある。「日本製の部品を使って日本で製造したものが、メイド・イン・ジャパンじゃないか」と思われるかも知れないが、ことはそう単純ではない。

製造業に関しては、もはや先進国が設計から製造までを全て内製化する時代ではなくなっている。アップルのｉＰｈｏｎｅが良い例だ。設計こそ米国カリフォルニア州のアップル本社だが、製造は台湾資本の鴻海科技集団（フォックスコン）が中国本土の生産拠点で行っている。部品は日本やドイツや韓国の製品が使われており、米国製はほとんどない。

世界が認めるメイド・イン・ジャパンとは、「高い品質と高い信頼性」を約束するものでなくてはならない。そのためには、海外メーカーの優れた部品を採用しても、１つの完成品として組み上げ、入念な検査を経て出荷されるまでは日本で行われなければならない。それが、我々の考えるジャパン・クオリティである。

既成のイメージを覆す自信作がデザイン賞グランプリを受賞

そうした、我々のメイド・イン・ジャパン志向が初めて具現化できたのが「ＰＦ－ＪＴ１１１」という製品だった。

ＩＲカメラのヒットから７年、当時は斬新だった筒型でレンズ周りに赤外線ＬＥＤライトを配したカメラはさまざまなメーカーから発売されて、すっかりスタンダードになっていた。ここで防犯カメラの新機軸を打ち出せるような画期的な新製品が欲しかった。

高性能を追求するばかりでは「らしさ」がない。暗闇をカラーで映す技術開発にこだわっていた大手に対し、我々はモノクロでも鮮明に映せるＩＲカメラを手頃な価格で世に問うことで市場を切り開いてきたメーカーだ。ならば新製品もこれまで防犯カメラが入っていなかったような市場を開拓するものにしたい。メイド・イン・ジャパンであるのはもちろんだが、見た目にもはっきりとそれとわかるモノがいい。

知恵を絞る中で、ジュエリーショップ、バー、ブランドショップ、ブティックなどのおしゃれなお店には、防犯カメラがなかなか導入されないことに気が付いた。あちこちで話を聞くと、防犯カメラのニーズはあるが、いかにも工業製品といった見た目の防犯カメラを設置することで大切な雰囲気が損なわれてしまうと敬遠されていたのだった。

そこで、これまでの防犯カメラのイメージを一変させるような新製品を作ることに決めた。デザインは工業デザイナー・宮本一伸氏に依頼した。宮本氏は松下電器（現・パナソニック）で数々のヒット商品を生み出した後、独立して福岡を拠点に活躍していた。そうしてキューブ型のコンパクトかつフラットなフォルムを持つ〝オールインONEボックスカメラ〟が誕生した。筐体カラーも、ホワイト、ブラック、シルバーの基本ラインナップに加えて、ゴールド、グリーン、オレンジを揃えた。

もちろん、性能にも一切の妥協はしていない。赤外線ライトこそ備えていないが、最大258倍の感度アップ機能で夜間や暗所でも明るい映像を撮影できるようにした。ほかにも38倍までのデジタルズーム機能、撮影映像を反転するミラー機能、撮影範囲内に動きがあった際に文字や色で通知するエモーション機能などをコンパクトな筐体に詰め込んでいる。

筐体の設計も1から行い、福岡県久留米市の工場で製造。説明書から化粧箱までデザインとコンセプトにとことんこだわり、まさにメイド・イン・ジャパンの逸品に仕上がった。

この製品は大変な人気商品となり、狙い通りこれまで防犯カメラを取り付けていなかったところから多数の引き合いがあった。大手ではレンタルビデオチェーンのゲオが導入してくれた。海外の見本市にも出品すると小さなブースに人だかりができ、特にゴールドとシルバーは中東のバイヤーが「これは素晴らしい！　必ず売れる。是非代理店契約を結びたい」とオファーをくれた（残念ながら当時の我々に輸出のノウハウがなかったため実現しなかった）。

極めつきは、２０１０年11月、福岡県産業デザイン協議会が主催する「FUKUOKA DESIGN AWARD ２０１０ 第12回福岡産業デザイン賞 最優秀グランプリ」の受賞だ。１１７社１３９点の応募作品の中から「PF-JT１１１」が満場一致で最優秀グランプリに選出されたのだ。当時の麻生渡福岡県知事からは「工業製品が最優秀グランプリに選出されたのは創設以来初めてで、我々としてもこのような製品を待望していた」とまで評価していただいた。

その後「ＰＦ－ＪＴ１１１」は、最新の基板がコンパクトな筐体に収まりきらなくなってやむなくラインナップから除外したが、今も問い合わせや復刻を希望する声を多くいただいている。現在、開発陣が新しい基板を開発中で、近々最新機能を搭載して復活する予定である。

「FUKUOKA DESIGN AWARD 2010」で最優秀グランプリを受賞した「PF-JT111」。スタイリッシュな外見ながら世界基準の最新機能を搭載。防犯カメラというイメージを払拭する、まったく新しい製品を実現した。

日本が誇る防犯カメラの最高傑作「ＪＳシリーズ」が完成

現在、日本防犯システムのフラッグシップは「ＪＳ－ＣＡ１０２０」というモデルである。外見は今でこそよく見る筒型のＩＲカメラだが、この製品には我々がこれまで積み上げた経験と技術を結集し、細部の細部にまでこだわり抜いた最高傑作になっている。

この製品を世に問うにあたって、我々は「メイド・イン・ジャパンとは何か」を改めて考え抜き、行き着いた答えが「信頼性」だった。最先端であることは大事だが、独りよがりになって必要のない機能まであれもこれもと詰め込んではいけない。「本当に必要な機能」だけを実装した、シンプルな商品開発を目指した。

まずは基本性能を徹底的に磨き上げる。映すべきところを鮮明に、しっかりと映し出す。イメージセンサーにはソニー製2MegaExmorCMOSセンサーを搭載し、映像画素数は224万画素。伝送方式はAHD2・0とCVBS（コンポジット映像信号）の切替式とし、従来のアナログケーブルやレコーダーが設置された施設でも使える仕様とした。5C－FBの同軸ケーブルを使用すれば高画質映像をそのままに最長で約300メートルまで送信でき、3C－2Vの同軸ケーブルでも約200メートルまで届く。

LEDから発せられる赤外線は最大約30メートル（屋内では最大約50メートル）先まで照射し、モノクロであれば最低照度0・0001（カラーでも0・001）ルクスの暗闇でも撮影可能。逆光補正機能、フリッカレス機能、国内では唯一となる「蜘蛛の巣ガード」機能を搭載した。世界中のどんな環境でも確実に動作するよう「IP66」の耐久性・強靭性を確保。もちろん、屋内にも屋外にも設置できる。

また、このモデルから遠目にも日本防犯システムの製品と一目で認識してもらえるよう外装に「JSSホワイト」を採用した。白は直射日光を反射するという機能性を重視してのことだが、ただ白ければいいというのでもない。高級感があり、乱反射せず、汚れに強く、ありふれていない白。100種類以上のサンプルから検討に検討を重ね、最終的に決めたのは、かすかに青みがかり角度によっては明るいグレーとも見える、まさに「JSSホワイト」としか表現のできない白だった。

「JS-CA1020」では、壁や天井に設置する「腕」にあたる部分も一体になっている。この部分は「ブラケット」と言うが、通常は取付業者が設置する場所に応じた部品を判断・提案する。しかし、カメラ本体はデザインや色の細部にまでこだわり抜いたのに、ブラケットによってちぐはぐな見た目になってしまっては元も子もない。どこに取り付けてもすっきりと収まり、かつフレキシブルな角度調整が可能となるよう3軸のアームになっている。

「JS－CA1020」を皮切りに、屋外IRドームカメラ「JS－CA1021」、屋内ドームカメラ「JS－CA1011」、屋内ボックスカメラ「JS－CA1012」、AHDデジタルレコーダーの「JS－RA1004／1008／1016」など、製品コードに「JS」が付くメイド・イン・ジャパンのシリーズをリリースしていった。

このシリーズの製品はいずれも、製造業の盛んな岐阜県美濃加茂市にある工場で部品の一つ一つを丁寧に組み立て、外観検査、電流値測定、付属品の確認、そして全製品に8時間の通電検査（エージング）を行った上、丁寧に梱包し出荷している。

製品を梱包する箱にもありふれたダンボールではなく、白いコーティングを施した。防犯カメラは出したり仕舞ったりするものではなく、箱はお客様の手元に届くまでの入れ物に過ぎない。中身が取り出され設置されれば、それこそ「お払い箱」である。ゆえに大手メーカーの最上位製品でもほとんどが普通のダンボールに入っている。

だが、大切な人に贈り物を届けるときには、入れ物や包みにも気を配るのが日本人のこまやかさだ。我々はどこまでも使う人のことを考え、心を込めてものづくりをしている。その思いを届けるのに、安っぽいダンボールで良いはずがない。質実剛健がウリの製品ではあるが、我々の意気込みやこだわりは、箱を手にした瞬間に感じとっていただけると思う。

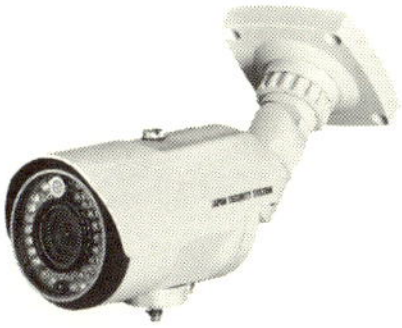

必要な機能に絞ったシンプルな設計。基本性能と信頼性をとことん磨き上げた、防犯カメラの最高傑作と自負している（写真はJS-CA1020）。

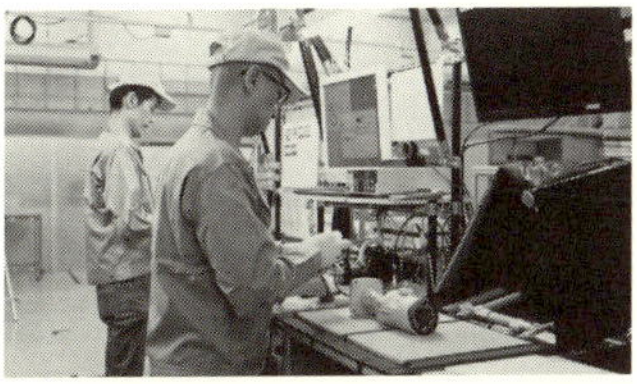

製品コードに「JS」を冠するシリーズは、すべて岐阜県美濃加茂市の工場で1つ1つ丁寧に組み立て、入念な検査を行った上で出荷している。

なぜ日本防犯システムのオフィスには緑が溢れているのか

一千万円の借金を背負い資金繰りに喘いでいた頃から、唯一の安息を与えてくれた花壇いじりは、その後すっかり私の癒しになった。本拠を東京に移してからは、オフィスのあちこちに植木を置いて手入れしている。よくあるレンタルの観葉植物とは違う。私が丁寧に選び、毎朝「おはよう！」と優しく声を掛けながら水やりをしている〝植員〟たちだ。

社員にもデスクに置けるサイズのものを、1人1鉢プレゼントしている。毎年、新入社員を迎えるたびに緑が増えるので、時折「うちのオフィスは湿気が多い」「なぜ虫が出るのか」「まるでジャングル」といった愚痴も耳に入る。それでも皆、なんだかんだと水をやり、せっせと育ててくれている。

都会のオフィスビルの中という環境の中にあってもきちんと気を掛けてやれば枝葉は繁るし、注意を怠ると枯れてしまう。そんな植物たちを見ていると、つくづく「これは会社経営と同じだなぁ」と思うのだ。毎年、この森に加わる若い苗木と新入社員たちが艱難辛苦を乗り越えてすくすくと成長し、やがて一本立ちできる立派な樹木になれるよう、たっぷりの愛情を注いで育てて行きたい。

第4章

技術力で実現できる犯罪ゼロ社会をめざして

ここでは、防犯カメラの今後について考えていく。技術の進歩は目覚ましく、新しい機能もどんどん取り入れられている。これまで見えなかったものが見えるようになり、見えていたものはより鮮明に映し出される。それだけではない、映像は検索され「防犯」の役割を越えて幅広く活用されていく。安全・安心に暮らせる犯罪ゼロ社会、その先にあるものは——。

2018年「8K・スーパーハイビジョン」が実用化

先ほど、防犯カメラにも「4K」対応の製品が出ていると述べた。最

4章 技術力で実現できる犯罪ゼロ社会をめざして

新の映像技術はさらにその先「8K・スーパーハイビジョン」の実証実験にまで及んでいる。画素数は4Kのさらに倍、7680×4320（約3318万）画素にもなる。人間の視力の約4・27倍相当だ。

まだ受信できるテレビは市販されていないものの、すでに試験放送も始まっており「パブリックビューイング」などのイベントで、実際の映像に触れた方もおられると思う。鮮やかできめ細かな画質、圧倒的な臨場感は想像を超える迫力だ。2018年には実用放送が開始される計画なので、2020年の東京オリンピック・パラリンピックは家庭でも8Kのリアルな映像が鑑賞できるだろう。

もちろん、防犯カメラに8Kの映像を用いるのは美しい映像を鑑賞するためではない。高解像度の映像は拡大しても鮮明さを維持できる。例えば、国立競技場のような何万人もの観客が集うような場所を1台のカメラで撮影し、その中から不審な動きをする人物を見つけることができる。あるいは、何百台もの車が停まっている駐車場で違法薬物の取引が行われたというような場合でも、容疑者の顔や手元まで映し出すことができ、犯罪捜査の切り札となるだろう。

ここで、拡大するなら光学ズームを使えばいいのではないかという疑問を持つ人もいるかもしれない。確かに望遠レンズを用いれば同程度の至近距離まで寄ることはできるが、それには拡大して見たいポイントがあらかじめ判っていないといけない。何千人、何万人の中から特定の人物を探し出したり、あとから「この部分を拡大して見たい」というような捜査には、やはり高解像度の映像が必要なのだ。

多方面で活用される「顔認識システム」

高解像度の映像で威力を発揮するのは**「顔認識システム」**だ。例えば、国際指名手配されたテロリストが、スタジアムや駅、空港、都市の群集の中に紛れ込んだというような場合に、どうやって見つけ出すだろうか。現在であれば、なるべく多くの警察官や捜査員を動員し、巡回警備や双眼鏡や光学ズームのカメラを用いての「人海戦術」が頼りになるのだと思う。

しかし、８Ｋの映像に高度な顔認識システムが加われば、何千人・何万人もの中からたった一人のテロリストを、あっという間に見つけ出すことができるようになるだろう。

顔認識システムは、恐らく皆さんの想像を遥かに超えたレベルまで開発が進んでおり、身近なところでも実用化されている。例えばフェイスブックやグーグルフォトなどに写真をアップすると、即座に人物の顔が検索され「この写真に写っているのはこの人ではありませんか?」と、同じサービスに登録しているメンバーの候補が出てくる。その精度は、利用している皆さんであればご存じと思うが、ほぼ間違いなく本人を特定している。友だちやアドレス帳に登録してある中から検出しているとはいえ、かなりの的中率だ。

防犯目的で市販されているものの中には、防犯カメラの映像を活用するパッケージソフトもある。過去に万引きや迷惑行為をした人物の顔写真を登録しておき、防犯カメラが来店を検知すると、店員や警備員のスマートフォンに通知され警戒を促すというものだ。

小売店における万引き被害は深刻で、警察庁の調べでは2014年度の万引き認知件数は12万6386件となっている。しかし、これは警察に被害届が出された件数で、実際はこれよりももっと多いはずだ。例えば全国小売業603社に対するアンケート調査[*6]では、万引き犯罪を発見した後の処理方針として「全件警察に届け出る」と回答したのは全体の55・9%、「警察に届け出るかはケース・バイ・ケース」が39・1%、「届け出ない」も1・7%あった。ちなみに、同調査では万引き被害額の実態にも迫っており、延べ店舗数7万4354店で年間1517億円の推定ロス額があり、うち56・5%にあたる857億円が推定万引き被害額とされている。

＊6 「第10回 全国小売業万引被害実態調査分析報告書」（特定非営利活動法人・全国万引犯罪防止機構調べ 2014年6月）

小売店は万引き犯を捕えるためではなく、善良な顧客に良い商品を少しでも安く販売するために、懸命な努力をしている。防犯対策のために専門の人員を充てる余裕のあるところは少ないはずだ。それだけに、防犯カメラに寄せられる期待は大きい。

人の感情を検知して犯行前に警告する!?

顔認識をさらに発展させた**「動作認識システム」**も開発されている。防犯カメラが人物の〝怪しげな動作〟を検知し、事前に店員や警備員に知らせるというものだ。

例えば万引きをする人物は、キョロキョロと周囲を窺ったり、同じところを何度も行き来したり、しゃがみ込んだりといった特徴のある動作をしていることが多い。振り込め詐欺の犯人は帽子やマスクで顔の特徴をわかりにくくし、携帯電話で通話しながらATMの操作をするといった特徴がある。

ロシアではまた「感情認証」の研究が進み、すでに分析ソフトが開発されているという。仕様書によるとそのソフトは身体の振動から人の「精神状態（感情）」を解析し、犯罪を犯す可能性がある人物を事前に検知するシステムであるという。具体的には振動の回数や幅を約50のパラメータに分類、「攻撃性」「緊張度」「ストレス」の有無を判断し、犯罪を〝犯そうとしている〟人物を検出し、アラームを鳴らすというのだ。

映像から体の振動を検知することは十分に可能なので、あとは振動と精神状態の因果関係が確かであれば、あり得る技術だ。このソフトには

「もともとロシア政府が旧ソ連時代に蓄積した10万人超の膨大な映像を基に研究を進めていたが、15年前に民間と提携して製品化に漕ぎ着けた」という、もっともらしいストーリーも付いている。

2014年のソチ冬季オリンピックで入場者チェックに採用され、約2620人の不審者を検知、うち92％が確認検査で入場拒否に該当する理由があった（薬物・酒類・火薬類の持ち込み禁止違反72％、異常行動8％、チケットなしなど20％）とされる。

自分たちで検証したわけではないので信憑性については断言できないが、カメラやセンサーが撮影・感知するデータをいかに分析するかの研究が進めば、防犯カメラのさらなる可能性が広がるはずだ。悪事を働こうとしている人物を検知して、その行動を未然に防げれば文字通り「究極の防犯カメラ」になる。

個人特定の精度を高める「3次元顔認識」

現状では、顔認識も動作認識も精度の課題があり、本人ではない〝似た人〟の来店や、単に商品を吟味している人を怪しいと認識してしまうといった「誤報」も少なくない。だが、巡回に〝めりはり〟がつけられるだけでも助けにはなるし、声掛けによって万引きを未然に防げれば、十分に「防犯」の役割を達成できるのではないだろうか。

なお、顔認識システムの精度を技術的に高める手段として、顔を平面ではなく立体的に把握する**「3次元顔認識システム」**がある。

防犯カメラの多くは高い位置に取り付けられているので、映像ではほどうしてもうつむいた感じになり、顔の特徴を捉えきれない場合がある。
また、一般的な顔認識システムでは眉・目・鼻・口といったパーツの形や位置関係から個別の特徴を読み取っているので、角度がついていたり隠れて見えない部分があると、正しく認識できない場合がある。

そこで、3次元顔認識システムでは、幾つかの方法（複数のレンズまたはカメラで撮影する、通過の際に多数の座標点を取る、赤外線を照射して陰影を読み取る等）によって、顔を平面（2次元）ではなく立体的（3次元）に解析して個人を特定するのだ。

パーツの形や位置関係から〝顔〟を読み取る仕組みは同じだが、照合するポイントが圧倒的に多くなり「人違い」する確率を劇的に下げることができる。

防犯カメラ＋顔認識をサービス向上に活かす道も

防犯カメラと顔認識システムの組み合わせは、活用次第でマーケティングや接客品質の向上につなげられる可能性がある。

とある大手百貨店では出入口の防犯カメラが来店した顧客を撮影すると、顔認識システムが即座に性別・年齢・人数などを読み取る。その後、どの売り場に何分間滞在して何を買ったか（あるいは買わなかったか）を追跡、データ化して商品構成や陳列方法といった売り場作りに活かしているという。

また、あらかじめ登録してある「お得意様」が来店した時には、ベテランの販売員が対応できるよう各階の責任者に連絡がいく。顧客満足度を高める、きめの細かい接客ができるというわけだ。

こうした使い方は、ホテルなどにも導入されている。政治家や企業幹部など重要顧客の顔認識データベースがあり、ホテルに車が到着するなりドアマンが「○○様、いらっしゃいませ」と出迎えるのだ。一流のホテルマンは、何千人もの重要人物の顔と名前と好みを完璧に覚えて最高の接客をすると言われるが、今どきそうしたきめ細やかなサービスは実は防犯カメラによるものかもしれない。

防犯・顧客データの活用はどこまで許されるか

これからの防犯カメラは、IPカメラ（ネットワークカメラ）が主流になっていくだろう。多くの防犯カメラが、インターネットに接続され、情報をやり取りするようになる。全国各地の支社や支店の映像が、パソコンやスマートフォン／タブレット端末から監視でき遠隔操作もできるのがIPカメラのアドバンテージだが、これがクラウド上の顔データと結び付くと防犯の世界が一変する。

例えば、警察は逃亡犯の検索・追跡ができるようになるだろう。皆さんは警察の通称「Nシステム」をご存じだろうか。幹線道路や高速道路に設置されたカメラが、車のナンバープレートを自動的に撮影・判別して、手配中の車を見つけると即座に最寄りの交番・警察署・パトカー等に通報するシステムだ。その個人追跡版と考えるとわかりやすい。

今日でも、都市部ではあらゆるところに防犯カメラの視線が張り巡らされていて、一度も防犯カメラに姿を捉えられずに街を歩くことは、ほぼ不可能だ。だが、その映像と個人情報は結び付いていない。防犯カメラに映っただけなら、それは名もなき1人の通行人に過ぎない。

だから、事件が発生すると警察は人海戦術で周辺の防犯カメラの映像を集め、何日間も映像を見続けて、容疑者の姿を必死に探し出そうとする。旧式のアナログカメラやVHSテープに記録された映像なら、再生にも解析にも時間がかかる。そうして、やっとのことで容疑者の姿を見つけても、すでにその場所にはいないのだ。

しかし、あらゆる防犯カメラが顔認識システムを備え、クラウド上の顔データと照合できるようになると、捜査の現場はガラリと変わる。警察が容疑者や手配犯の顔データをクラウド上にアップすると、全国の防犯カメラがリアルタイムに映している映像から該当の人物を検索し、現在の居場所をたちどころに通報するようになる。

防犯カメラがある限り、容疑者はどこまでも追跡される。近年は30％台前半で伸び悩んでいる犯罪検挙率は、飛躍的に高まることになるだろう。

あるいは、ある店で万引きをした人を「要注意人物」として登録し、防犯カメラで来店を検知すると店員や警備員に知らせるシステムについて。万引きは常習者が多いので、他店も被害に遭う可能性が高い。そこで当該人物の顔データをクラウドに上げて、系列店の防犯カメラと情報を共有するといったことも〝システム的には〟可能になる。

ただ、そうした情報を複数の店舗で共有することがどこまで許されるのか、データ管理上のルールや責任の所在をどうするのかなど、導入に関しては慎重に検討される必要がある。監視カメラでの撮影について個人情報保護法は、それが防犯目的である場合に限って事前通知や本人の承諾がなくてもよいとしている。だが、これが顔データと結び付いてかつ共有までされるとなると、同法が禁じている無断提供に抵触する恐れがある。

サービス向上の目的でも、顔データを行動や購買履歴と結び付けて個人が特定できる形になると、プライバシー侵害にあたる可能性もある。防犯カメラの映像をそうした形で利用することについては、世論を慎重に見極める必要があるだろう。

以前は防犯カメラで撮影されることに警戒感を抱く人が多く、どこへ行っても「プライバシーの問題」が付いて回ったが、歳月を経てその役割と効果が認知されて、今では社会に受け入れられている。顔認識システムについても拙速に導入を急ぐと、かえって遠回りになりかねない。社会のコンセンサスを得ながら、良い形で技術が活かされていけばと思う。

すべての交差点に、街灯・公園灯にカメラを付けよ

防犯カメラの「これから」を考えたとき、新技術が開発されていくことはもちろん必要だが、同時にあらゆる場所に設置を進めてなるべく死

角を作らない「数の充実」がより重要ではないかと思う。防犯カメラの台数は飛躍的に増えているが、まだまだ足りない。

街を歩いていると、交差点に時折「○月○日、この場所でひき逃げ事件が発生しました。目撃した人や心あたりのある人は警察署にご一報ください」という立て看板を見かける。日付を見るとかなり時間が経ってしまっているものもあり、被害者やご遺族の心中を察するといたたまれない気持ちになる。日本は車やバイクの登録制度がしっかりしているから、そこに防犯カメラが設定されていれば、犯人はたちどころに逮捕されただろう。

内閣府が作成している「交通安全白書」によると、２０１４年の交通死亡事故発生件数のうち、交差点内で発生した事故は１４３２件（35・7％）で最も多く、次いで一般道路が１３０７件（32・6％）となっている。交差点や道路照明灯に防犯カメラが設置されれば、68・3%の事故を「目撃」できたことになる。事故そのものは防げなくても、ひき逃げ犯の逮捕や原因解明には大いに役立つはずだ。

街路灯や公園灯にも防犯カメラを設置したい。そもそも街路灯の一部は「防犯灯」なのだから、防犯カメラと目的を一にする。日本の刑法犯認知件数のうち、最も多いのが「街頭犯罪」と言われるもので、2015年で45万7045件発生している。内訳は、車上狙い、自転車盗、路上強盗、スリ、暴行、傷害、恐喝、ひったくり、強制わいせつなどだ。「人の目がない」「見られても逃げられる」と思うからできる犯罪が圧倒的に多い。

実は街頭犯罪に関しては、認知件数ベースでは近年大幅に減少している。2002年に163万549件だったから、72%もの減だ。その要因は様々だが、現場の警察官や専門家たちが異口同音に言うところは、防犯カメラの普及による犯罪抑止効果である。この15年で数を増やしたのは主に店舗・ビル・住宅などだが、屋外に設置された防犯カメラが「社会の目」として機能したことは間違いない。

だがその一方で、街頭犯罪の現場は都市部から、防犯カメラの少ない郊外へと移っている。防犯カメラが遠目に犯行の現場を捉えても、繁華街や住宅地の外に逃げられると〝追跡〟ができない。交差点と街路灯・公園灯に防犯カメラが設置されれば、逃げた方向や経路を辿ることができる。

交差点や街路灯・公園灯に防犯カメラを設置するとなると、必ず「予算」の壁が立ちはだかる。だが、何も顔認証システムや通信機能を搭載した、最新鋭の防犯カメラである必要はない。どこにも繋がっていなくても電源さえあれば黙々と記録し続ける、シンプルだが耐久性に優れたドームカメラ、あるいは頑丈なハウジングに入ったネットワークカメラでいい。事件が生じたときだけSDカードの映像記録を回収して歩けばいいのだ。

それでも、事はそう簡単には進まないだろう。道路には、国道・都道府県道・市区町村道・私道の別があり、それぞれに管理者が異なる。また、電柱には電力会社・通信会社・両社の共用柱があり、信号機や道路標識は警察、案内標識は国土交通省が管理する。どの電柱・鉄柱に防犯カメラを設置するか、導入費用や維持管理は誰がやるのかなど、乗り越えなければならないハードルは多い。

自動販売機は防犯カメラとの相性抜群

街頭の死角をなくすには、自動販売機に防犯カメラを取り付けるのが近道だ。防犯カメラを設置するときは、必ず電源工事が必要になる。自動販売機が稼働しているということはすでに電源はあるので、それを使えばよい。夜間も煌々と明かりが点いているので暗視装置も必要ないし、自販機内にユニットを内蔵する方法ならば風雨や衝撃に耐えるハウジングもいらない。機械の内部にスペースが取れるので、記憶媒体にも容量の少ないＳＤカードではなく、より長時間の記録が蓄積できるＨＤＤが置ける。稼働状況の確認やメンテナンスは、商品補充や料金回収と同時に行えばよい。

また、防犯カメラは一般的に、天井や軒下や鉄柱の上など、高い位置に取り付けられることが多い。ゆえに映像は上から見下ろす角度となって、顔の特徴を捉えきれないことがある。ところが自動販売機であれば、人の目線に近い高さに設置することができる。そこから捉えた映像は横顔しか映っていなかったとしても、他の防犯カメラの映像と合わせて3次元顔認識のデータを作るのに役立つだろう。あるいは、逃走中の車やバイクがほんの一瞬横切るだけの映像でも、容疑者の追跡には重要な手掛かりとなる。

自動販売機それ自体が、犯罪の標的にされているという現実もある。街頭犯罪のうち自動販売機を狙った犯罪は、2015年の1年間で1万3242件発生している（ピークは1999年の22万2328件だった)。業界団体の堅牢化対策により、最近の自動販売機はちょっとした工作では破壊できない。それでも、年間1万件以上が被害に遭っているのだ。

実は、自動販売機に防犯機能を持たせようという動きは2008〜2009年頃にもあった。愛知県豊橋市には2008年10月に全国で初めて「110番通報できる自動販売機」が設置されている。ところが設置からわずか3日後に、その自動販売機は無惨にも破壊されてしまう。センサーライトがハンマーで叩き割られ、黒いスプレーで「監視社会」と落書きもされていた。以降、立て続けに4台が同様の被害に遭った。

これ以外にも、関西のとある商店街がいたずら防止と犯罪抑止の効果を狙って防犯カメラ付きの自動販売機を設置したところ、「監視されているのは気分が悪い」と利用客や商店主からクレームがついて撤去を余儀なくされた事案もあった。取り組みが少しだけ早すぎたのかもしれない。

それ以降も防犯カメラ付きの自動販売機は全国各地に設置されてきた。だが、防犯カメラ全体の伸びに比べると、その増え方は微々たるものだ。最大の理由は、やはりコストだろう。金銭を狙って破壊される事例は確かにあるが、前述の通り件数自体は減っており、万一被害に遭った場合でも保険で補償されるので「防犯カメラを付けて（自分を）守る」というトレンドにはなりにくいようだ。自動販売機もビジネスである以上、コストに見合ったリターンがなければ投資に踏み切れないのは理解できる。

とすれば、地域の安心・安全に資するというところで自治体の後押しが欲しい。具体的には、防犯カメラの設置が手薄な地区に防犯カメラ付き自動販売機を設置する場合には、コスト増となる分を自治体が補助金で支援するというのはどうだろう。2008～2009年頃と違い、防犯カメラに対する社会の受け止め方は180度変わっている。もう一度、本格的な普及・設置促進に向けてチャレンジしてみる価値はある。

見えぬなら、防犯カメラが見に行こう

人が多いところではトラブルも起きやすいので防犯カメラは絶対にあるべきだし、悪しき者は社会の目を避けるので人の少ないところにこそ必要とも言える。いずれにせよ、私たちの社会は防犯カメラをもっと増

やしていかなければならない。ここ10~15年で飛躍的に増えたとはいえ、必要なところに設置が行き届いたとは、まだ到底言える状況にない。

設置が追いつかないのなら、防犯カメラのほうから〝撮りに行く〟という手もある。警視庁は2010年7月から「防犯カメラ車」(移動防犯カメラシステム)を運用している。目的地に到着すると、ルーフから高さ6・7メートルまで伸びるカメラポールを出して、撮影を開始。ポールの上部にはスーパーズーム機能を持つ高解像度カメラ1台と、周囲を広角で監視するドームカメラ2台が付いている。また可搬式カメラ9台と映像伝送用アンテナ9個を搭載しており、目的地周辺の街路灯等に設置して暗号化した映像を車両に伝送する。中にはモニタールームがあって、それぞれのカメラが捉えた映像を監視しながら衛星通信回線経由で警察庁本部や所轄警察署に送ることもできるスグレモノだ。

ここまでハイテクマシンでなくとも、例えば最近増えている「ドライブレコーダー」を搭載した車は、見方を変えれば〝動く防犯カメラ〟ではないか。交通事故で最も多い交差点での衝突事故や許しがたいひき逃げ事件など、居合わせた車がドライブレコーダーを搭載していればその一部始終はしっかりと映像に記録されている。

以前のドライブレコーダーは記憶容量も小さく上書きされていくタイプだったが、最近はＨＤＤを搭載して録画可能時間も増えている。エンジンを停止してドライバーが車を離れても「駐車監視モード」で常時録画をするタイプに至っては、駐車場に設置された防犯カメラそのものだ。ちなみに、２０１５年に駐車中の車が盗まれる自動車盗は６７５５件、車内の金品が盗まれる車上狙いは6万５０２３件、カーナビやタイヤなどが盗まれる部品狙いは3万２６００件発生している。

タクシー業界では、フロントガラス越しに前方の映像を撮影すると同時に、車内の映像も記録できるレコーダーの搭載が進んでいる。後者は完全に防犯カメラとしての役割だ。2015年に発生したタクシー強盗は97件。運賃不払いや暴力行為なども多く、その実態はテレビのニュース番組などでもたびたび放送されている。密室での犯罪ゆえこれまでは証拠がなく被害に遭っても泣き寝入りする事例も少なくなかったが、車内カメラが設置されるようになってからはドライバーが守られるケースも増えた。

極めつきは〝空飛ぶ防犯カメラ〟である。4発のプロペラにGPSや高性能カメラを搭載し、遠隔操作や自動運転で自在に飛び回る「ドローン」を活用すれば空中からの監視が可能になる。すでに大手警備会社が試作品を発表しているが、画像認識・位置情報解析・対象追尾など多様な機能を搭載。不審車両や不審者を発見するとその映像をコントロールセンターに送り、対象者が逃走を図っても一定の距離を保ちながら追跡していく。防犯カメラはこれまで一つところに止まって犯罪者の影を捉えるのが役割だったが、ドローンの翼を与えられることで、どこまでも対象者を追い掛ける「ロボット」になった。

学校に防犯カメラを付けたいたった1つの理由

犯罪を撲滅し世界中の人たちが「安心と安全」を享受できる社会を実現すること。これは私が代表を務める日本防犯システムが使命として掲げている壮大なテーマである。そのためにはどんな製品を作るべきか、

4章

技術力で実現できる犯罪ゼロ社会をめざして

どんなところに設置すればよいのかを日々考えている。最終的にこうすれば実現するという答えは出ていない。だが「今、どうしてもここに防犯カメラを取り付けたい」と思っている場所がある。それは、犯罪とは縁遠い場所――小・中学校だ。

もちろん、現在も小・中学校に防犯カメラは付いている。だが、それは校門や校舎出入口などに設置され、不審者や施設を破損しようとする「外部からの侵入者」から、子どもたちや学校を守るためにある。だが、私が取り付けたいのは「子どもたちを見守るカメラ」なのだ。

子どもたちは犯罪者ではないから、そうなるともはや「防犯カメラ」という名称は適当ではないのかもしれない。校門や出入口だけでは足りない、教室はもちろん廊下にも屋上にも校庭にも体育館の裏にも、あらゆるところに取り付けたい。

何のために子どもたちに防犯カメラを向けるのか？　それはいつまで

経ってもなくならない、イジメによる悲しい自殺を一件でも防ぎたいと思うからだ。

人生を10年かそこらしか生きていない子どもたちが、人間関係に悩み、遺書を書いて自ら命を絶つなど絶対におかしい。そして、もっとやり切れないのが大人たちの対応だ。イジメを苦に子どもが自殺をすると、学校側が記者会見を開き「イジメがあったことは認識できませんでした」などと言う。思わず「見ておいてあげろよ」と声を上げてしまう。

子どもにも知恵はあるから、イジメは見られないようにやる。被害者の子どもも親には心配をかけまいと、隠そうとするだろう。教員たちも忙しいから、目の届かないところはある。それならば、せめて防犯カメラを付けて異変を察知できるようにしようではないか。映像は親たちも見られるようにして大人たち全員で見守ってあげよう。

何も防犯カメラで撮影した証拠を突きつけて、加害者の子どもを処罰しようというのではない。監視されているのだというプレッシャーで、子どもたちに息苦しい思いをさせようというのでもない。ただ、追い詰められている子どもに、いつも大人が見守っているのだという安心感を与えられたらいい。それで救われる子が一人でもいればと思うのだ。

犯罪ゼロ社会を輸出する

日本は世界でも有数の「治安の良い国」として知られている。深夜に若い女性が一人で大きなお財布を片手にコンビニまで歩いて行き、何事もなく帰って来られる国というのはそうはない。東日本大震災の時には暴動も略奪も起きず、人々が静かに整然と炊き出しの列に並ぶ光景に世界中が驚愕した。私が目指している「犯罪ゼロ社会」に世界で最も近いのは、ほかならぬ日本かもしれない。

だが、それでもまだまだ数えきれない数の犯罪がある。どうすればこれをゼロに近づけていけるのか、そのためにできること、すべきことは何なのか？　アプローチは1つではなく、国によっても、時代によっても、個人によっても、行くべき道は違うはずだ。そうした中で自分なりに考え抜いて出した答えが、防犯カメラだった。

従来にはない機能を持った防犯カメラを開発し、普及の見込める価格で製造し、広くあまねく販売すること。日本はものづくりの国なので、理想の社会はものづくりの力で実現するのが近道だ。開発では決して妥協せず、とことん良いものを作る。決して驕らず過信せず、日々改善を怠らない。それを使う人のニーズに合った製品を、手の届く価格で実現する。

日本が誇る技術力で、まずはこの国の犯罪を減らしていく。さらに「犯罪ゼロ」を実現する技術を、世界に輸出していきたい。メイド・イン・ジャパンの信頼とともに。

おわりに

創業したばかりの頃、資金繰りに窮すると消費者金融の無人契約機に駆け込んでは借金を繰り返していたという話をすると、一様に「なぜそこまでして防犯カメラにこだわったのか」と驚かれる。

「自分の中で〝これは絶対にモノになる〟という確信があったんです」

「社長になったんだという気負いでしょうか」

「無我夢中で、実は何も考えられていなかったのかもしれません」

などと、その都度正直に答えているが、実はもう1つこれまで誰にも言ってこなかった動機がある。それは、犯罪被害者やその家族のやり切れなさを、防犯カメラがあれば何とかしてあげられるかもしれない、という思いだ。

ある家族が一家の主を失った。防犯カメラが世に出るよりもずっと以前の話だ。現場には多くの人の出入りがあり、家族には誰かに殺されたとしか思えなかった。またそう疑うに足る理由もあった。だが「事件とするに足る証拠がない」との理由で、捜査は早々に打ち切られてしまう。捜査があろうとなかろうと、失われた命は還らない。だが、もし殺されたのであったら被害者は無念だろう。遺された家族は納得できない思いを抱えたまま、その後の長い人生を歩んでいかねばならない。

私はそんなとある家族を知っていて、初めて防犯カメラを見たときに「もしあの当時にこんな機械があり、人の出入りを記録した映像が残っていれば、あるいは――」との思いが頭を過った。そしてその思いは、その後もずっと頭の片隅にあり続けた。

わが国の犯罪認知件数・犯罪検挙率は飛躍的に向上した。だが、このように「事件化されない犯罪」もある。証拠が乏しく捜査が行き詰まっている事件も少なからずあるだろう。

防犯カメラが役に立てるのは何かが起こる前（抑止）と後（捜査）で、事件そのものを直截的に止めることはできないが、犯罪を減らすためにできる有効な手立ての1つではある。ならば我々は、これを普及させるために全力を尽くそう。幾度も壁にぶつかりながら乗り越えてこられたのは、こうした思いがあったからだ。

日本はこれから、未だかつて世界のどの国も経験したことがないほど急速な、高齢化・人口減の時代に突入する。経済を動かす働き「手」が足りない、お年寄りが頼れる「足」がない。これまで安心で安全で快適な暮らしを支えてきたシステムが、上手く機能しなくなるだろう。

その兆候はすでにある。農業の後継者がおらず食料自給率が低下している、荷捌きや配達をする人が減って物流の現場が混乱している、医療費は増加の一途で社会保障制度の維持が難しくなっている、高齢ドライバーによる運転のミスや逆走による事故が増えている、等々。こうしたニュースに接するたび、将来に対して不安で後ろ向きな気持ちになってしまう人もいるかもしれない。

だが、私は違う。日本では社会の在り方や人々の意識の変化から「手」や「足」よりも先に、お互いに関心を向けあって安全を守っていた「目」が減った。そのことで一時期、犯罪が頻発し社会が荒んだ時期があったが、防犯カメラ・防犯システムの開発という「ものづくりの力」によって解決の道筋を見出せたからだ。

高齢化や人口減をすぐに食い止めるのは難しいだろう。しかし「手」や「足」が減ることの問題であれば、イノベーションで解決できる。ITを駆使した屋内の野菜工場、関節や筋肉の動きを補助するパワードスーツ、極小のカプセルで体内に入り患部を直接治療できる医療ロボット、AIによる自動運転等々、すでにそうした問題を解決する研究・開発はさまざまな分野で始まっている。

防犯カメラ・防犯システムの分野も、まだまだ前進していかなくてはならない。究極の目標は犯罪そのものを根絶する「犯罪ゼロ社会の実現」だ。そのために、我々にできること、やらなければいけないことは山のようにある。さらに、安全・安心な社会を作る防犯システムを世界に広めていきたい。「犯罪撲滅・犯罪ゼロ社会の実現」はまだ道半ばではあるが、決して夢ではない。いつか必ず実現できる目標だと信じている。

２０１７年２月

賀来 泉

賀来《かく》 泉《いずみ》
1963年生まれ。株式会社日本防犯システム代表取締役。2001年に防犯カメラ事業を創業。2004年8月にオンセールス有限会社を設立（翌年に株式会社に組織変更）。2009年、株式会社日本防犯システムへ社名変更。「世の中から犯罪をなくしたい」という強い信念のもと、業界初の製品を次々に投入して世に広める一方、地域の防犯活動にも精力的に取り組んでいる。さらに、カメラ１台を販売するごとにご飯10杯分をカンボジアの恵まれない子供たちに寄付する「１カメラfor10ライスプロジェクト」にも取り組んでいる。

編集協力　　渡辺一朗
DTP／装丁　ISSHIKI製作所

社会《しゃかい》を変《か》える防犯《ぼうはん》カメラ

2017年3月17日　第1刷発行

著　者　賀来 泉
発行人　久保田貴幸

発行元　株式会社 幻冬舎メディアコンサルティング
〒151-0051　東京都渋谷区千駄ヶ谷4-9-7
電話　03-5411-6440（編集）

発売元　株式会社 幻冬舎
〒151-0051　東京都渋谷区千駄ヶ谷4-9-7
電話　03-5411-6222（営業）

印刷・製本　シナジーコミュニケーションズ株式会社

検印廃止

ISBN 978-4-344-91119-2　C0095
幻冬舎メディアコンサルティングHP
http://www.gentosha-mc.com/